丛书系国家社科基金重大招标项目《以"两个结合"继续推进马克思主义中国化时代化研究》（项目编号：23ZDA006）阶段性成果

读懂 为政以德

中山大学中共党史党建研究院
理解和推进"第二个结合"丛书

张 浩 主编

吴之声 / 著

人民日报出版社
北京

图书在版编目（CIP）数据

读懂为政以德 / 吴之声著；张浩主编 . -- 北京：人民日报出版社, 2024.9. -- ISBN 978-7-5115-8461-8

Ⅰ . D630.3

中国国家版本馆 CIP 数据核字第 2024Q76F96 号

书　　名：	读懂为政以德
	DUDONG WEIZHENGYIDE
著　　者：	吴之声
主　　编：	张　浩

出 版 人：	刘华新
策 划 人：	欧阳辉
责任编辑：	毕春月　张雨嫣
装帧设计：	新成博创 XIN CHENG BO CHUANG

出版发行：	人民日报出版社
社　　址：	北京金台西路 2 号
邮政编码：	100733
发行热线：	（010）65369509　65369527　65369846　65363528
邮购热线：	（010）65363531　65363527
编辑热线：	（010）65369521
网　　址：	www.peopledailypress.com
经　　销：	新华书店
印　　刷：	北京盛通印刷股份有限公司
法律顾问：	北京科宇律师事务所　（010）83622312

开　　本：	710mm×1000mm　1/16
字　　数：	170 千字
印　　张：	15
版次印次：	2024 年 10 月第 1 版　2024 年 10 月第 1 次印刷
书　　号：	ISBN 978-7-5115-8461-8
定　　价：	49.80 元

如有印装质量问题，请与本社调换，电话：（010）65369463

理解和推进"第二个结合"丛书
编委会

策　划：刘志明

主　编：张　浩

编　委（按丛书顺序）：

罗嗣亮　陶　颖　吴之声　何　旗　吴　瑞　余　斌

黄越泓　骆红旭　贾　茹　邓菀莛　姚丽梅　罗　楠

总 序

读懂"第二个结合"

在庆祝中国共产党成立100周年大会上，习近平总书记首次提出马克思主义基本原理同中国具体实际相结合、同中华优秀传统文化相结合的重大论断。在党的二十大报告中，习近平总书记对"两个结合"进行了深刻阐述："中华优秀传统文化源远流长、博大精深，是中华文明的智慧结晶，其中蕴含的天下为公、民为邦本、为政以德、革故鼎新、任人唯贤、天人合一、自强不息、厚德载物、讲信修睦、亲仁善邻等，是中国人民在长期生产生活中积累的宇宙观、天下观、社会观、道德观的重要体现，同科学社会主义价值观主张具有高度契合性。"在2023年6月2日召开的文化传承发展座谈会上，习近平总书记再次论及"两个结合"，特别对"第二个结合"进行了充分论述，阐明了马克思主义基本原理同中华优秀传统文化相结合的内在机理，即彼此契合、互相成就，揭示了马克思主义基本原理同中华优秀传统文化相结合对于筑牢道路根基、打开创新空间、巩固文化主体性方面具有重大意义。习近平总书记还强调，

"第二个结合"是又一次的思想解放,是中国共产党对马克思主义中国化时代化历史经验的深刻总结,表明了党在传承中华优秀传统文化中推进文化创新的自觉性达到了新高度。

马克思主义基本原理同中华优秀传统文化相结合的根本原因在于二者的契合性

产生于不同社会环境下的两种思想文化,要想达到相互适应、相互融合的和谐统一状态,彼此之间必须具有高度的契合性,这是促使两种文化有机结合进而造就一个新的文化生命体的根本原因。习近平总书记在文化传承发展座谈会上强调:"马克思主义和中华优秀传统文化来源不同,但彼此存在高度的契合性。"这种内在契合性可以体现在宇宙观、社会观、价值观、方法论等方面。

其一,宇宙观的契合性。宇宙观,又可以称为世界观,是人们对于客观存在的物质世界到底是什么以及如何认识客观物质世界的总的看法和根本观点。马克思主义世界观主要指对自然界、人类社会以及人与自然关系的整体看法,是指导人们认识和探索宇宙世界的思想指南。在对自然界的认识上,马克思主义强调自然规律的客观性,认为人类来自自然界,与自然界有着天然的和谐关系,即"人本身是自然界的产物,是在自己所处的环境中并且和这个环境一起发展起来的"[①]。在对物质存在方式的认识上,马克思主义认为,要从物质运动的表现形式出发来认识客观世界,指出:"一切存在的基

[①]《马克思恩格斯选集》第3卷,人民出版社2012年版,第410页。

本形式是空间和时间，时间以外的存在像空间以外的存在一样，是非常荒诞的事情。"①马克思主义的自然观和时空观作为世界观的重要组成部分，是马克思主义世界观的思想坐标，是考察人类社会发展规律的理论基础，也是从实际出发考察国家现实发展的思想根据。基于此，坚持一切以时间、地点和条件为转移的方法论成为将马克思主义基本原理应用于具体社会实践的逻辑前提，也为能够同中华优秀传统文化相结合提供了内在根据。

中华优秀传统文化的宇宙观，以"天人合一"为思想内涵，以中国人认识世界和改造世界的时空观为逻辑起点，是世界观借以中国语言的特殊表达。关于对自然的看法，中华优秀传统文化崇尚"天人之际，合而为一"的境界，阐述了"天道"和"人道"的相互关系，提出了人们应当恪守的行为准则。具体而言，"天道"即天地之间万事万物运行的客观规律，"人道"即在人类社会中规范人们行为方式的道德准则和精神品质以及人类社会发展运动的客观规律。二者的关系为"天地与我并生，而万物与我为一"，即人不仅属于自然界的一部分，其本身还需要通过修身养性以达到与自然界和谐统一的境界。对时空的看法，源于对"宇宙"的考察。"宇宙"一词，可追溯至《庄子·齐物论》："奚旁日月，挟宇宙？"《经典释文》引《尸子》之言道："天地四方曰宇，往古来今曰宙。"这表明，"宇宙"作为表述时空的概念，已经为人们所用，其中，"天地四方""往古来今"即是对"时空"的中国话语表达。此外，郭象注《庄子·庚桑楚》提道："宇者，有四方上下，而四方上下未有

---

① 《马克思恩格斯文集》第9卷，人民出版社2009年版，第56页。

穷处；宙者，有古今之长，而古今之长无极。"可以看出，中国古人对于"宇宙"的探索已经达到新的境界，即道出了空间存在的现实性、时间交替的继起性以及时间和空间发展的无限性。这些观点都与马克思主义的时空观高度契合，为同马克思主义基本原理相结合准备了思想条件。

其二，社会观的契合性。社会观指的是关于社会中的人类活动、社会发展的动力因素以及社会发展的趋势方向的整体看法。马克思主义社会观从"现实的人"出发，考察人类社会的实践活动，提出人类社会发展的终极目标和最高理想。在科学实践的基础上，马克思主义社会观以人类社会或社会的人类为出发点和立足点，对人类社会发展动力展开考察，认为人民群众的整体诉求和行动轨迹代表社会发展的方向，是推动社会变革发展的决定力量。由此，在推动社会变革发展的具体实践中，要坚持把人民群众放在至高无上的地位，发挥人民群众改造现存社会、追求理想社会的强大力量。关于理想社会，马克思主义提出人类社会的发展趋势为共产主义社会，即每个人的自由全面发展的美好社会。在这个理想社会中，社会生产力高度发展、物质资料极大丰富、旧式分工彻底消除、阶级对立和剥削压迫彻底消亡、生产资料实现公有，社会关系高度和谐，全体社会成员得到自由全面发展。到那时，全人类有着共同的利益基础，社会成为"真正的共同体"，人们真正摆脱了"人的依赖关系"和"物的依赖关系"，真正实现了每个人的"自由发展"。

中华优秀传统文化的社会观，基于"天下观"的基本理念，倡导"以民为本"的重要思想，将"大同"作为社会发展的终极目标，体现了中国人民家国同构的情怀伦理和对美好社会的向往追求。中华优秀传统文化视黎民百姓为国家根本，其中所蕴含的"民为邦本"思想由来已久。《尚书》载："民惟邦本，本固邦宁。"《孟子·尽心下》提出："民为贵，社稷次之，君为轻。"《荀子·哀公》提出："君者舟也，庶人者水也。水则载舟，水则覆舟。"中华优秀传统文化强调对"民"的重视，并将其丰富和拓展成为中华民族宝贵的精神财富，在一定意义上也成为栽培马克思主义"人民至上"观念的思想土壤。关于未来社会构想，《礼记·礼运》提出的"大道之行也，天下为公"以及对大同社会的描绘，道出中华民族对美好社会的千年夙愿。其中，关于大同社会"矜寡孤独废疾者皆有所养""货恶其弃于地也，不必藏于己；力恶其不出于身也，不必为己"等的描述，实际上体现了人们对于物质资料丰富充裕和社会公有制的追求，这也与共产主义的理想追求有着共通之处，增强了中华民族对马克思主义的认同感。"任人唯贤"出自《尚书·咸有一德》，体现的是重视人才，唯贤是举。马克思主义在确认人民群众在社会历史发展中的主体作用的同时，并不否认少数英雄人物起到的关键作用，这与中华优秀传统文化具有契合性。"为政以德"出自《论语·为政》，"为政以德，譬如北辰，居其所而众星共之"，讲的是统治者和官员要有道德操守，在重视个人品德、遵守政治规则的同时，尽力施行仁政，体现的是正身爱民的思想。"为政以德"是"民为邦本"思想的延伸和在政治上的表现，与"民为贵，社稷次之，君为轻"是相通的，同马克思主义的群众观点和群众路线也是相通的。"讲信修睦"最早出自《礼记·礼运》，核心含义是人与人之间、国与国之间要讲究信用，谋求和睦，强调信用与和睦，涉及人际关系乃至团体、群体的互相交往层面。"亲仁善邻"出自《左传·隐公六年》，"亲仁善邻，国之宝也"，讲的是国家民族间要和平相处，不以邻为壑，这也与中华文明的和平性相一致。"革故鼎新"源于《周易》的《革卦》与《鼎卦》，后世将其合二为一作为成语，意指改变社会上陈旧的、不合时宜的旧事物、旧制度，革除违背世道人心的不良因素，荡涤阻碍历史潮流的瑕秽污渍，它与马克思主义所讲的社会革命思想观点相契合。总之，中华优秀传统文化的社会观中关于人民主体力量和未来理想社会的思想与马克思主义社会观高度契合，为二者有机结合奠定了观念基础。

其三，价值观的契合性。价值观，是人们对于是非曲直的认知、判断和选择，体现着人们对于某种精神境界的追求和向往。马克思主义价值观，坚持以人的自由全面发展为核心目标和最高价值，以个人与社会的辩证统一为基本原则和实践遵循，旨在为绝大多数人谋利益，追求真正的普遍的共同利益。马克思、恩格斯在阐明"人的本质"和"社会关系"的基础上，提出个人与社会关系。立足于"人的本质在于其社会性"的观点，马克思主义认为，个人是社会的一部分，个人应该承担起推动社会发展的责任，个人离开了社会就无法生存。基于此，马克思主义提出集体主义的价值观念和道德原则，认为个人只有实现其社会价值才能实现其个人价值。此外，马克思、恩格斯还进一步指出，在共产主义社会，个人利益与社会利益高度一致，个人在维护社会利益的同时，社会也在保障个人利益，即"每个人的自由发展是一切人的自由发展的条件"[①]。马克思主义这种基于人的本质立场的集体主义价值观念和核心目标,为其同中华优秀传统文化深度融合开拓了道路。

中华优秀传统文化的价值观,有明显的集体主义情感倾向,强调群体高于个体。在宗法制的影响下,古代中国强调个人要遵循社会秩序和等级分配,通过"克己"达到"复礼",以维护封建统治。具体而言,"仁"的价值观念要求人们与人为善,尊重他人,对他人负责;"义"的价值观念要求人们对他人和社会公共利益作出贡献;"礼"的价值观念要求人们遵循社会礼仪,维护社会秩序和规范。中华文明强调的"自强不息",出自《周易·乾卦·大象传》,"天行健,君子以自强不息",意指一个人要有志向,要奋斗上进。"厚德载物"一词,出自《周易·坤卦·大象传》中的"地势坤,君子以厚德载物",指的是人作为天地之间的个体,应当取法于大地,不以个人得失为意,包容万物和他人。从国家层面来看,中华优秀传统文化提倡"苟利国家生死以,岂因祸福避趋之"的家国情怀和"修身、齐家、治国、平天下"的道德追求,认为只有融入社会、忠君报国才是有高尚品德的"君子"。以上种种都体现了中华优秀传统文化对个人的道德要求和行为准则,是中华优秀传统文化价值观的具体彰显。概言之,无论是马克思主义关于人的社会本质和集体主义价值观的思想,还是中华优秀传统文化所讲的个人要遵循社会秩序的观念,都强调个人价值的实现要以社会价值的实现为前提,都认为个人要对社会和集体付出并作出贡献,这鲜明体现了马克思主义

---

① 《马克思恩格斯文集》第 2 卷,人民出版社 2009 年版,第 53 页。

基本原理同中华优秀传统文化在价值观上的高度契合。

其四，方法论的契合性。方法论，是指导人们认识和改造世界、对人们的思维和行为方式产生影响的系统理论。马克思主义方法论，即唯物辩证法，要求人们不仅要从客观现实出发，通过理性思维来认识客观世界，而且要遵循客观规律，发挥人的主观能动性，通过具体实践去改造客观世界。从马克思主义理论的发展历程来看，这一科学理论生成发展的每一步都与实践紧密相连，它从实践中产生，在实践中发展，又反作用于实践并推动新的实践。从马克思主义哲学的任务要求来看，这一哲学思想特别重视实践的重要作用，强调哲学的任务不仅是要改变人们的思维方式、帮助人们理性认识世界，更是要基于此指导人们改变世界。它阐明了实践是全部社会生活的本质的观念，启发人们在社会实践活动中应用科学理论认识。这不仅为人们提高理性认识提供了方法指南，也为无产阶级进行革命斗争提供了实践工具。更重要的是，这种理论和实践相结合的方法论也为马克思主义中国化准备了思想条件和理论前提。

中华优秀传统文化的方法论，以"行"为核心范畴，通过论述"行"与"知"、"行"与"言"、"行"与"学"等的关系，提出"知行合一""言行合一""学至于行"的观念主张。关于"知行合一"的方法论，王阳明主张"尽天下之学无有不行而可以言学者，则学之始固已即是行矣"，大意是知识、道理和学问需要通过行为实践才能获得，并强调格物致知、知行合一，这实际上与马克思主义"一切从实际出发"是高度契合的。关于"言行合一"的方法论，《论语·宪问》有曰，"君子耻其言而过其行"，提倡人们说话行动要一致，不能纸上谈兵。孔子还提出了考察人的品行的方法论，认为一个人的实际行动是评判其言语和道德的标准，即"听其言而观其行"。这两个观点实际上与马克思主义"实践是检验真理的唯一标准"有相似之处。关于"学至于行"的方法论，《荀子·儒效》讲道，"不闻不若闻之，闻之不若见之，见之不若知之，知之不若行之。学至于行而止矣"，即认为听到、见到和了解到都不如自己去实际行动所收获到的，只有真正行动了，知识和学问才真正实现了其价值。从本质上看，这种"学至于行"的求知方法与"实践是认识的目的和归宿"的方法论有着契合之处。

马克思主义基本原理同中华优秀传统文化相结合实质上是一场深刻的"化学反应"

马克思主义基本原理同中华优秀传统文化二者相互契合才能有机结合。那么，二者结合的实质到底是什么？对此，习近平总书记指出："'结合'不是'拼盘'，不是简单的'物理反应'，而是深刻的'化学反应'，造就了一个有机统一的新的文化生命体。"[①] 这一重要论述深刻揭示了"第二个结合"的实质过程和成果形态，明确指出了二者相遇会产生创造新价值、新思想、新事物的化学反应，同时意味着二者的结合既不是内容的机械拼盘，也不是话语和范畴的简单杂糅，更不是以中华优秀传统文化为主导把马克思主义儒学化，而是经过一次次碰撞、交流、会通而实现螺旋式上升后的有机融合、

---

① 习近平：《在文化传承发展座谈会上的讲话》，《求是》2023 年第 17 期。

血肉相连，乃至基因重组，进而生成新的物质。

其一，深刻的"化学反应"创造了新的文化生命体。马克思主义基本原理同中华优秀传统文化相结合所产生的"化学反应"形态集中体现在二者结合的深度与质变特性上，意味着这种"结合"不仅仅是简单的数的相加或物理拼接，而是通过深入融合和相互作用发生了根本性的变化，形成了全新的文化形态，即"新的文化生命体"。这种新的文化生命体作为马克思主义基本原理同中华优秀传统文化相结合的产物，不仅融合了二者精髓，而且在中国式现代化道路中实现了对中华文明的文化再造和生命更新，为新时代中国特色社会主义文化建设和文艺繁荣不断注入生机与活力，也为中国式现代化不断提供精神力量。在这一新的文化生命体中，马克思主义理论始终具有指导地位，不仅提供了科学的世界观和方法论，而且与中国的历史与实践紧密结合，经过长期的适应、调整和创新，形成了符合中国国情的理论体系和实践路径。通过马克思主义真理之光激活中华文明基因，中华优秀传统文化的价值观、思想精华和人文精神经历了现代化的筛选、提炼和再创造，与马克思主义基本原理相融合，共同塑造了新的文化形态，即中国式现代化的文化形态。

从"结合"的过程来看，马克思主义基本原理同中华优秀传统文化的结合，是一个坚持守正创新且具有鲜明实践导向的过程，不仅代表了中华文明内在包容性、开拓性的发展要求，也代表了马克思主义理论的创新要求、实践要求，从而产生了马克思主义在中国具体的历史与文化中生根发芽、开花结果的必然结果。这一结合过程体现出二者双向互动的机制,即马克思主义的精髓不断激活中华优秀传统文化的根脉,使中华优秀传统文化在新的历史进程中实现创造性转化和创新性发展;同时,中华优秀传统文化的精华也不断充实马克思主义的魂脉,为马克思主义的发展提供丰厚土壤和源头活水。正是在强国建设和民族复兴的宏大叙事与实践支撑下,通过对马克思主义中国化时代化内在机理、深层规律以及中华优秀传统文化的突出特性在长期实践和理论积淀中的揭示,马克思主义基本原理同中国国情、中国历史、中国文化深度融合,马克思主义在中国的文化土壤中扎根,马克思主义基本原理同中国国情相结合的深度和广度不断拓展,马克思主义基本原理同中华优秀传统文化的价值目标和价值立场达成辩证统一。在这一过程中,马克思主义的主导地位不断明确,中华优秀传统文化的世界意义和时代价值不断彰显。正是通过马克思主义同中华优秀传统文化相互作用、相互影响、相互塑造的"化学反应",形成了一个新的文化生命体,既体现了中华文明的深厚基础,也展现了马克思主义的科学性和真理性,推动了中国特色社会主义发展和中华民族现代文明建设。

从"结合"的结果来看,马克思主义基本原理同中华优秀传统文化相结合所产生的新的文化生命体的"果",体现出其"化学反应"不是简单元素的相加,而是深层次的、质的转化,最终诞生了全新的文化形态。在这场"化学反应"中,两种文化的相遇并非平行线的简单交错,而是深度的互渗互融。马克思主义的科学理论与中国传统文化的精神精华相互作用,经过长期的相互影响、相互改造,最终形成了既不同于传统文化的纯粹形态,也不同于马克思主义理论的原初形态，而是形成了一种新的、活的、具有中国特色的社会主义文化生命体。这一"化学反应"过程的特征，首先是选择性的融合。如同化学反应中的催化剂，特定的社会历史条件和实践需求促使这一融合过程选择性地吸收两种文化中最有益于中国社会发展的元素，去粗取精，去伪存真。其次是创造性的整合。不仅仅是物理层面的结合，更重要的是在思想深度和文化精神上的整合与创新，从而产生新的价值观念、思想理念和文化形态。最后是动态性的发展。它不是一次性完成的静态过程，而是随着社会实践的深入、时代需求的变化而持续进行的动态过程，这种文化生命体在不断的发展变化中更加成熟、充实、鲜活。因此，作为结合成果的新的文化生命体所体现的"化学反应"形态，正是在马克思主义的科学指导和中华优秀传统文化的精神滋养下，通过选择性融合、创造性整合和持续的动态性发展，形成的具有中国特色的社会主义文化。新的文化生命体不仅丰富了中国社会的文化景观，也为推进社会主义现代化建设、增强民族文化自信和促进人类文明进步提供了重要精神力量。

其二，深刻的"化学反应"开辟出中华民族现代文明建设之路。马克思主义基本原理同中华优秀传统文化相结合催生了新的文化生命体。这一新的文化生命体不仅重新定义了民族的精神面貌，也为中国式现代化奠定了文化根基。通过深刻的"化学反应"，马克思主义的科学理论与中华优秀传统文化的人文精神相互作用、相互渗透，共同构筑起中华民族现代文明的坚实基础，开辟出一条融合传统智慧与现代科学的现代文明建设之路。

一是重新定义了中华民族现代文明的精神面貌。马克思主义基本原理同中华优秀传统文化深层次、全方位的相互作用与渗透而形成的全新文化形态，对中华民族现代文明的精神面貌产生了深刻影响。马克思主义的科学理论提供了分析社会发展规律的工具，而中华优秀传统文化则赋予了民族精神深厚底蕴，二者的结合为中华民族现代文明提供了发展进程中所需的精神指引和文化自信。马克思主义关于人的自由和全面发展的观点，与中华优秀传统文化强调的和谐、中庸之道等价值观念的融合，形成了促进个人与社会、人与自然和谐共生的现代文明导向，不仅促进了社会的和谐稳定，也激发了个体的创造力和社会责任感，重新定义了中华民族现代文明的精神面貌，使之更加积极向上、开放包容。马克思主义真理之光激活了中华民族优秀基因，深化了中华民族对于文化根源和未来发展方向的自我认知。通过创造性转化和创新性发展，中华传统文化在马克思主义指导下吸收一切先进思想和理念，不仅巩固了自身深厚的文化底蕴，还形成了面向未来的开放态度和创新精神。这种精神面貌的转变，为中华民族在人类现代化历史进程中巩固文化主体性、加强文化创造性提供了源源不断的思想精华和精神动力。

二是为建设中华民族现代文明指明了前进方向。马克思主义的科学理论为建设中华民族现代文明提供了科学的理论指导，为当代中国的物质文明、精神文明、政治文明、社会文明和生态文明的协同发展指明了方向。马克思主义并不是与中国传统文化割裂的外来理论，而是在同中华优秀传统文化相结合的过程中，不断被赋予中国特色和时代内涵，使其能够更好地适应中国的国情和文化背景，从而更好指导中华民族现代文明的发展。马克思主义的科学理论与中华优秀传统文化的人文精神的结合，不仅丰富了中华民族现代文明的科学内涵，也为中华民族现代文明发展进程中遇到的理论与实践问题提供了独特的解决方案。中华优秀传统文化强调的和谐、中庸之道、重视道德和集体利益等价值观，与马克思主义关于社会公平、人的全面发展的理论相结合，形成了具有中国特色的社会主义价值体系，塑造了中华民族现代文明的价值方向，也为处理社会矛盾、促进社会和谐与进步提供了文化基础。马克思主义基本原理同中华优秀传统文化的结合，使中华民族现代文明实现了发展与创新。在文化层面，促进了传统文化的创造性转化和创新性发展，使中华文化在全球化语境下既保持了自身的独特性，又彰显了自身的开放性和包容性；在制度层面，既吸收了马克思主义的科学原理，又融合了中华优秀传统文化的治国理政智慧，形成了中国特色社会主义制度，有效推进了国家治理体系和治理能力现代化。

三是构筑起中华民族现代文明的坚实基础。马克思主义深刻揭示了人类社会发展的基本规律，为中华民族指明了社会主义现代化的基本方向；而中华优秀传统文化所蕴含的深厚人文精神，特别是关于和谐、中庸、仁爱的价值观念造就了民族道德文化的支撑力量，不仅保证了中华民族现代文明建设的科学性和进步性，也确保了其道德性和人文性，塑造了一种富有现代化张力的文明新形态，使古老的中华民族在明德修身上焕发新风貌。这一深刻"化学反应"也在推动着中华文明从传统文明向现代文明的转变，使中华民族不仅在物质层面实现现代化，更在精神和文化层面完成自我超越和接续发展，推动中华文明实现从以农业文明为主导的传统文明向以工业化、信息化、全球化为特征的现代文明的转变，增强文明自觉与文明自信相统一的历史主动。

其三，深刻的"化学反应"实现了又一次思想解放。在马克思主义基本原理同中华优秀传统文化相结合的深刻的"化学反应"中，二者精髓的融合实现了又一次思想解放的历史性跨越。这一结合深植于中国共产党解放思想的历史进程，体现了对党的理论创新经验的总结和对文化发展规律的洞察，同时展现了马克思主义中国化时代化的生动实践。通过这一结合，中华优秀传统文化得到创造性转化和创新性发展，马克思主义在中国的土壤中焕发出新的活力，为中华民族现代文明建设奠定了坚实的理论和文化基础，推动了中华文化在新时代的自信与自强，为中国式现代化探索提供了正确方向和强大动力。

首先，这场"化学反应"推动了对马克思主义与中华文化关系认识的思想解放。这场"化学反应"强调了马克思主义基本原理同中华优秀传统文化之间高度的契合性，打破了二者不可兼容的错误理解，促进了马克思主义文化理论的不断完善和发展。通过将马克思主义基本原理同中华优秀传统文化相结合，不仅为马克思主义在中国的发展注入了新的活力，也为中华文化的现代转型提供了科学指导和理论支持，这一过程本身就是对旧观念、旧文化的一种超越，体现了新时代中国共产党人的思想解放。在新的历史条件下，对马克思主义基本原理同中华优秀传统文化的结合进行时代化的阐释，形成了一系列关于社会主义文化建设的新的理论观点和实践成果，其精华就是习近平文化思想。这不仅为中华民族现代文明建设提供了根本遵循，也实现了思想理论的守正创新，有效推动了中国特色社会主义文化事业的发展。

其次，这场"化学反应"推动了对中国与马克思主义关系认识的思想解放。长期以来，在对中国与马克思主义关系问题的认识上，一部分人片面强调马克思主义科学理论对中国发展的深刻影响，但对中国之于马克思主义理论体系的发展贡献闭口不提。充分肯定马克思主义深刻改变了中国的认识当然是正确的，但停留于这样的认知是不全面的，因为这只看到了问题的一个方面。而"第二个结合"的提出，则使我们认识到马克思主义和中国是互相成就的关系，不仅马克思主义深刻改变了中国，中国也极大丰富和发展了马克思主义，这样的认识才更加全面。马克思主义基本原理同中国具体实际相结合侧重于理论与实践、主观与客观、应用与被应用的关系问题，这一结合做得再好，就其本质而言，也只能体现对马克思主义科学理论的深刻理解和有效运用，无法真正让马克思主义成为中国的。如果说这种结合语境下的"中国"具有明显的受动特质，那么"第二个结合"中的"中国"则表现出强烈的主体能动性。"第二个结合"触及古与今、中与西之间的交流互鉴和融合发展问题。正是通过深刻的"化学反应"，中华优秀传统文化得以进入马克思主义谱系之中，使马克思主义从中华文化沃土中获得丰厚滋养，使身为"舶来品"的先进理论真正内化为中华民族现代文明的有机组成部分，让马克思主义成为中国的。

再次，这场"化学反应"推动了对传统与现代关系认识的思想解放。对于传统文化，过去由于多种因素，有的人往往坚持着这样一种形而上学的偏见：将传统与现代文明机械地对立起来，一提到"传统"就认为是落后的、过时的、陈腐的，而"现代"就是进步的、发展的、时髦的，由此呼吁建设现代文明就必须彻底抛弃传统。事实上，传统与现代之间并非简单的对立或断裂关系，而是有着更为复杂的内在联系，呈现出相互兼容、相互作用的鲜明特征。"第二个结合"在厘清传统与现代关系层面实现了思想解放，凸显了中华优秀传统文化在现代化进程中的地位和价值，要求从连续性和整体性维度考察由传统中国到现代中国的发展演进过程，将中国视为一个连续发展的有机整体。传统与现代是相互影响、相互交融、相互塑造的，中国式现代化强调赓续而非消灭古老文明，是文明更新的结果，而不是文明断裂的产物。"第二个结合"强调以文化底蕴筑牢道路根基，让新时代的道路建设实践有了更为宏阔深远的历史纵深。中国式现代化与中华文明是相互影响、协同推进的，前者赋予后者以现代力量，后者赋予前者以深厚底蕴。

马克思主义基本原理同中华优秀传统文化相结合巩固了文化主体性

马克思主义基本原理同中华优秀传统文化相结合最根本的价值体现在什么地方？对此，习近平总书记在文化传承发展座谈会上指出，"第二个结合"巩固了文化主体性。何为文化主体性？这里的主体性，特指某一主体在文化活动中的重要地位。毫无疑问，这里的主体当然是指中国。因此，文化主体性实质上是指"在文化层面上彰显当代中国作为主体的特殊性质"①，是指中国共产党和中国人民对自身文化发展的高度主动权。习近平总书记强调："有了文化主体性，就有了文化意义上坚定的自我。"②拥有坚定的自我，更是凸显了中国这个主体在文化活动中的自主性和主动性。"第二个结合"巩固了文化主体性，具体体现为增强了文化自觉、坚定了文化自信、提升了文化自立、推进了文化自强。

其一，增强了文化自觉。何为文化自觉？一般认为，"文化自觉"一词最早由费孝通提出。费孝通认为，文化自觉是指"生活在一定文化中的人对其文化有'自知之明'，明白它的来历，形成过程，所具的特色和它发展的趋向"③。他进一步分析，这种文化自觉并不是要复古，也不是要全盘西化，而是为了加强文化转型和文化选择中的主动性以及主动地位。从这一角度来看，"第二个结合"正是如此。它深刻总结文化发展的历史规律，提出文化传承发展的方法，强调守正不守旧、尊古不复古，坚持古为今用、洋为中用，大大增强了中华民族的文化自觉。首先，"第二个结合"是文化传承发展的重要途径和方法。中华优秀传统文化源远流长、博大精深，是中华文化的根脉。但其归根到底是古代小农经济的产物，要使其跟上时代步伐，在当代继续发挥巨大作用，就必须在马克思

---

① 刘同舫:《"第二个结合"与文化主体性的巩固》，《思想理论教育》2024年第1期。

② 习近平:《在文化传承发展座谈会上的讲话》，《求是》2023年第17期。

③ 费孝通:《反思·对话·文化自觉》，《北京大学学报（哲学社会科学版）》1997年第3期。

主义这个魂脉的指导下,实现创造性转化和创新性发展。二者互相作用,互相成就,造就一个新的文化生命体,实现中华文化的新生。其次,"第二个结合"是对文化建设的规律性总结与认识。"第二个结合"不仅是理论逻辑上的必然结论,还是在对近代以来中国文化发展历史进行深刻总结的基础上得出的规律性认识。鸦片战争以后,中国逐步沦为半殖民地半封建社会。面对西方在文化领域的进攻,建立在小农经济基础之上的中国传统文化,在西方先进的资本主义文化面前败下阵来。中国人苦苦寻找文化发展的出路,直到马克思主义传入中国,才逐渐掌握了文化发展的主动权,在精神上由被动转为主动。中国共产党深刻认识到,马克思主义在中国的传播和发展,必须经由一定的民族形式才能够实现,必须同中华优秀传统文化相结合。正是因为坚持"第二个结合",中国共产党领导人民创造了革命文化和社会主义先进文化,真正推动了中华文化在当代中国的大发展大繁荣。再次,"第二个结合"实现了马克思主义中国化时代化新的飞跃。党的十八大以来,以习近平同志为主要代表的中国共产党人坚持"第二个结合",立足新时代中国实际,充分汲取中华优秀传统文化中的精华养分,创立了习近平新时代中国特色社会主义思想。从其科学的世界观和方法论,到治国理政的智慧和布局,习近平新时代中国特色社会主义思想闪耀着"第二个结合"的光辉,是中华文化和中国精神的时代精华,实现了马克思主义中国化时代化新的飞跃。

其二,坚定了文化自信。何为文化自信?顾名思义,文化自信就是对自身文化的价值有着高度的认识和肯定,以及对自身文化发

读懂为政以德

展的坚定信心。文化自信是一个国家、一个民族立得住、站得稳、行得远的最大底气。一个民族的文化自信，往往需要经历长期的历史过程，需要经历岁月的反复淘洗和沉淀，需要对自身文化成果有着深刻的总结和继承，还需要对本民族优秀传统文化怀有足够礼敬。"第二个结合"的提出，标志着党的文化自信达到了新的高度。"第二个结合"指出文化自信的重要来源、突出内容和提升路径，大大坚定了中华民族的文化自信。首先，"第二个结合"指出了文化自信的重要来源。习近平总书记指出："中华优秀传统文化是中华文明的智慧结晶和精华所在，是中华民族的根和魂，是我们在世界文化激荡中站稳脚跟的根基。"[①] "第二个结合"充分肯定了中华优秀传统文化的重要作用，指出中华优秀传统文化是我们民族的自信之基、力量之源，是中华文明数千年来生生不息的精神力量，是中华民族历经千难万险依然屹立于世界民族之林的精神支柱。其次，"第二个结合"指出了文化自信的突出内容。中华优秀传统文化中丰富的哲学智慧、历史经验、人生价值、治国理念，是中华文明特有的精神标识，充分体现了中华民族自强不息的奋斗精神和饱含智慧的无穷创造力。再次，"第二个结合"揭示了文化自信的提升路径。要立足中华民族伟大历史实践和当代实践，坚持用中国道理总结好中国经验，加快构建中国特色哲学社会科学；坚持把中国经验提升为中国理论，不断推进马克思主义中国化时代化；坚持用中国理论回答好中国问题，为新时代中国特色社会主义伟大实践提供科

[①]《习近平关于社会主义精神文明建设论述摘编》，中央文献出版社2022年版，第236页。

学理论指导。

其三，提升了文化自立。何为文化自立？立，就是要立足和扎根中国大地。文化自立就是强调作为文化主体的中国共产党和中国人民，以中国的优秀传统文化为滋养，以中国的社会实践为根据，排除外来因素的侵蚀和干扰，独立自主发展自己的先进文化。"第二个结合"坚持马克思主义指导，坚持从中国实际出发，充分运用中国传统智慧和文化资源，推动新时代文化发展，帮助我们党牢牢巩固文化领导权，大大提升了中华民族的文化自立。首先，"第二个结合"巩固了马克思主义在意识形态领域中的指导地位。马克思主义是我们立党立国、兴党兴国的根本指导思想，但是马克思主义不是一成不变的教条，它必须随着时代的发展而发展，才能始终保持旺盛生命力；必须结合当地的历史文化条件，才能更好地在本土扎根、传播，保证其作为指导思想的重要地位。"第二个结合"坚持守正创新，用中华优秀传统文化充盈、丰富了马克思主义，推动了马克思主义中国化时代化，使其更能符合中国实际，更能为中国人民所接受、领悟和掌握。这在根本上巩固了马克思主义在意识形态领域的指导地位。其次，"第二个结合"加强了中国共产党和中国人民作为文化主体的实践主动性。党的十八大以来，以习近平同志为核心的党中央科学总结中华文化发展历程，深刻洞悉中华文化发展大势，作出一系列关于文化建设的重要论述，并团结带领全国人民加以实践：强调必须坚持自信自立，中国的问题要立足中国实际，由中国人民自己来回答；强调必须加快构建中国特色哲学社会科学，必须体现继承性、民族性，充分利用好中华优秀传统文化

读懂为政以德

资源，在吸收升华的基础上，使民族性更符合当代中国实际和人类发展要求；强调中国式现代化是赓续古老文明的现代化，而不是消灭古老文明的现代化，是从中华大地长出来的现代化，不是照搬照抄其他国家的现代化；等等。再次，"第二个结合"抵御了各类错误思潮的侵扰。习近平总书记指出："我们的同志一定要增强阵地意识。宣传思想阵地，我们不去占领，人家就会去占领。"[1] 面对各式各样的社会思潮、相互碰撞的价值理念、激烈变化的传播态势，"第二个结合"为我们坚持正确的文化建设方向，抵御各类错误思潮的侵扰提供了强大的思想武器：反对任何形式的文化复古主义，坚持推陈出新、革故鼎新；反对文化全盘西化论，正确对待西方文化，吸收人类文明一切有益成果，为我所用；反对西方在意识形态领域的和平演变，坚守社会主义文化建设的正确方向，增强中华文化在国际上的影响力。

其四，推进了文化自强。何为文化自强？进入新时代，中国人民迎来了从站起来、富起来到强起来的伟大飞跃。要真正实现强起来，不仅在物质层面要强，在精神层面也要强。文化自强，就是指中华民族依靠自己的努力，使自身在精神文化领域强起来。"第二个结合"是我们党对中华文明发展规律的深刻把握，为我们提供了一条在精神层面实现强起来的正确路径，为我们担负起新的文化使命指明了正确方向，大大推进了中华民族的文化自强。首先，"第二个结合"对推动文化繁荣有重要意义。勤劳勇敢的中国人民创造

---

[1] 《习近平关于社会主义精神文明建设论述摘编》，中央文献出版社2022年版，第67页。

了灿烂辉煌的中华文化，开创了文化繁荣的美好景象。中华优秀传统文化滋养了一代代中国人，塑造了中国人的精神气质，满足了中国人的精神需求。如今，在新时代推进文化发展繁荣，中华优秀传统文化依然存在巨大价值。"第二个结合"将中华优秀传统文化的巨大价值充分彰显和发挥出来，使之与现代社会相适应，与社会主义核心价值观相协调，与当今时代发展与人民需求相符合，为社会主义文化大发展大繁荣提供源源不绝的养分。其次，"第二个结合"对建设文化强国有重要意义。习近平总书记指出，要"推动中华优秀传统文化创造性转化、创新性发展，继承革命文化，发展社会主义先进文化，不断铸就中华文化新辉煌，建设社会主义文化强国"①。国家的强盛，既要看经济军事等硬实力，也要看文化软实力。建设社会主义文化强国，是全面建设社会主义现代化国家的题中应有之义，而"第二个结合"是建设社会主义文化强国的重要途径。中华优秀传统文化中刚健有为、自强不息的精神气质激励着一代代中国人面对困境百折不挠，是刻在中国人骨子里的文化基因。今天，面对艰巨繁重的建设任务，中华优秀传统文化依然是中国人迎难而上的动力之源，"第二个结合"为建设文化强国提供了坚实的历史文化基础。再次，"第二个结合"对建设中华民族现代文明有重要意义。习近平总书记指出："中华优秀传统文化是中华文明的智慧结晶和精华所在，是中华民族的根和魂，是我们在世界文化激荡

---

① 《习近平关于社会主义精神文明建设论述摘编》，中央文献出版社2022年版，第30页。

中站稳脚跟的根基。"① 建设中华民族现代文明，是推进中国式现代化的必然要求。中国式现代化是赓续古老文明的现代化，而不是消灭古老文明的现代化。要赓续古老文明，就必须使中华文明从适应自然经济的传统状态转变为适应工业社会的现代状态。"第二个结合"打通了中华优秀传统文化与现代文明相适应的关键渠道，使传统的成为现代的，更好地构筑起中国精神、中国价值、中国力量。

文化兴则国运兴，文化强则民族强。当今世界正经历百年未有之大变局，"源浚者流长，根深者叶茂"。站在历史的交汇点，在全面建成社会主义现代化强国、实现第二个百年奋斗目标的新征程上，我们应充分认识中华优秀传统文化的重要价值，坚定文化自信、历史自信，大力推进中华优秀传统文化的研究与传承。要坚持马克思主义理论的科学指导，透过表象看历史，深入挖掘中华优秀传统文化的精神标识和文化精髓，把马克思主义基本原理同中华优秀传统文化精髓融会贯通，进行创造性转化和创新性发展，赓续中华文脉，谱写当代华章。要深刻把握中华优秀传统文化的当代价值，充分发挥中华优秀传统文化的引领作用，把马克思主义基本原理同中国具体实际、同中华优秀传统文化相结合，坚定不移推进马克思主义中国化时代化，在守正中创新，在传承中发展，讲好"第二个结合"故事，更好推进中华民族现代文明的发展。

在中华人民共和国成立75周年、中山大学成立100周年之际，中山大学中共党史党建研究院组织专家学者撰写的理解和推进"第

---

① 《习近平关于社会主义精神文明建设论述摘编》，中央文献出版社2022年版，第236页。

二个结合"丛书的出版，具有重要的政治意义和纪念意义。同时，这套丛书是国家社科基金重大招标项目《以"两个结合"继续推进马克思主义中国化时代化研究》（项目编号：23ZDA006）阶段性成果，具有一定的学术意义。

希望这套丛书在深化对党的二十大精神、文化传承发展座谈会精神和习近平文化思想研究阐释方面立新功，在深化对"第二个结合"研究方面谋新篇，在推动讲好中华优秀传统文化故事、中国共产党故事等方面探新路。

是为序。

张 浩

中山大学中共党史党建研究院执行院长

目　录

第一章 / 001
为政以德的丰富内涵与历史脉络

第一节　为政以德的基本内涵……………………………………… 004

第二节　为政以德的思想智慧……………………………………… 024

第三节　为政以德的历史脉络……………………………………… 049

第二章 / 063
马克思主义理论与为政以德的契合性

第一节　马克思主义的人民立场与为政以德的民本理念相契合…… 067

第二节　马克思主义德才兼备的选人用人标准与为政以德的选贤举能
　　　　原则相契合……………………………………………………… 072

第三节 马克思主义的社会治理理论与为政以德的德治追求
相契合··076

第四节 马克思主义的共产主义理想与为政以德的大同理想
相契合··082

第三章 / 087
中国共产党对为政以德的实践探索及其经验

第一节 新民主主义革命时期对为政以德的初步探索··············090

第二节 社会主义革命和建设时期对为政以德的持续探索··········104

第三节 改革开放和社会主义现代化建设新时期对为政以德的
实践拓展··112

第四节 中国特色社会主义新时代对为政以德的创新实践··········135

第五节 中国共产党对为政以德的百年探索经验·····················163

第四章 / 169
新时代新征程继续践行为政以德

第一节 坚持"两个结合",传承为政以德思想智慧··············172

第二节 突出党性修养,推动新时代政德建设·····················181

第三节 坚持人民至上,不断满足人民美好生活需要··············186

第四节 促进德法结合,推进国家治理现代化·····················192

第五节 倡导文明互鉴,创造人类文明新形态·····················198

第一章

为政以德的丰富内涵与历史脉络

第一章
为政以德的丰富内涵与历史脉络

为政以德是儒家学派创始人孔子提出的政治主张，出自《论语·为政》："为政以德，譬如北辰，居其所而众星共之。"作为中华优秀传统文化的重要元素和组成部分，为政以德具有丰富的内涵，蕴含着以民为本的价值导向、正己修身的为政立场、礼乐教化的德治追求、德主刑辅的施政途径、任德尚贤的用人智慧等。为政以德思想经过汉、唐、宋、明、清等历代政治家、思想家的不断丰富和积极推广，造就了中国古代"修身、齐家、治国、平天下"的国家治理结构，对我国传统社会的伦理道德与政治生活产生了深远影响，在中华文化与中华文明的发展中发挥着重要作用。

第一节 为政以德的基本内涵

孔子提出为政以德的政治主张,意在以"政者正也"的政德基础,推行"道之以德"的为政治国之道,从而达致"修己以安百姓"的德政目标,具有丰富的内涵。为政以德的提出缘起于周人对"德"的发现,同时与春秋战国时期经济、政治、文化的变革相关。

一、为政以德的历史渊源

为政以德是孔子思想的重要内容,集中体现了孔子政治伦理思想的要义和特质。为政以德思想是对前人治国理政历史经验的总结和发展,其渊源可追溯到殷周之际的社会变革。关于殷周之际的变革,王国维在《殷周制度论》中曾言:"中国政治与文化变革,莫剧于殷周之际""殷、周间之大变革,自其表言之,不过一姓一家之兴亡与都邑之转移;自其里言之,则旧制度废而新制度兴,旧文化废而新文化兴"。[1] 正是在这样的历史变革中,孕育了为政以德的思想。

---

[1] 清华大学国学研究院主编,方麟选编:《王国维文存》,江苏人民出版社2014年版,第374—375页。

第一章
为政以德的丰富内涵与历史脉络

孔子提出为政以德，缘起于周人对"天"的祈敬和对"德"的发现。甲骨文资料表明，殷商之人在思想上信仰"帝"或"上帝"，"帝"于殷人而言具有至上神的意蕴。殷人之"帝"虽然仍带有三皇五帝教民掌握生产生活技能的自然的成分，但亦已担负起国家政治的功能，这从殷人向帝卜问与周围方国的征战之事可以看出。需要注意的是，殷人之"帝"不具有创世者的角色，而是具有祖先神的性质，这与殷商时期氏族制的社会结构相适应，也正因此，殷人虽已有国家政治的意念，但仍未思及如何协调与别的部族的相处关系问题，即政治道义或政权正当性的问题。到了周代，周人承接殷人关于至上神的精神信仰，在周初亦信仰"帝"，但在之后的实践中开始更多祭祀和敬祈"天"。《尚书·多方》曾载："诰告尔多方，非天庸释有夏，非天庸释有殷，乃惟尔辟以尔多方大淫，图天之命，屑有辞。乃惟有夏图厥政，不集于享，天降时丧，有邦间之。乃惟尔商后王逸厥逸，图厥政，不蠲烝，天惟降时丧。"这段话记载了周代初期摄行王事的周公告诫夏殷各族以及方国的首领，并不是"天"要舍弃夏和殷，而是夏殷的君王和四方诸侯的行为犯了罪，辜负了"天"的信任，"天"才给夏殷降下大祸，让周代替了夏殷。在这里，"天"替代了具有祖先神性质的"帝"成为周人的至上神。随后，周人在以"天"来回应和解释其政权正当性的过程中提出了"德"的理念。

曾作为附属国的"小邦周"替代"大邦殷"而取得政权后，周人开始面临新的问题：一是如何解释政权的合法性和正当性，使殷

读懂为政以德

遗民能够接受周的管理；二是如何在总结夏商二代历史教训的基础上开创新的治理模式，避免政权的得而复失。带着这种忧患意识和文化自觉，周人在用"天命"解释殷商政权败亡和西周政权合法性的基础上，还发觉了"天命"之外的人的因素，即人的德行。《尚书·康诰》有载："惟乃丕显考文王，克明德慎罚。不敢侮鳏寡，庸庸、祗祗、威威、显民。用肇造我区夏越我一二邦，以修。我西土惟时怙冒，闻于上帝，帝休，天乃大命文王，殪戎殷，诞受厥命，越厥邦厥民。"周公告诫康叔，你的英明父亲文王能够崇尚德教而谨慎使用刑罚，不敢欺辱无依无靠之人，任用应当受到任用的人，敬重应当受到敬重的人，惩罚应当受到惩罚的人，并让百姓了解其中的道理，这种勤恳的德行被上天知道后，上天非常高兴，命令文王攻克殷，代替殷接受天命，接管殷的国家与臣民。这里说明周能攻灭殷，接管原由"天"赋予殷的邦土与百姓，就在于周文王有着令"天"满意的德行，能够明德慎罚，"德"及其意义在此被周人发觉了。

在周人看来，天命是可以改变的，能否得到"天"的眷顾而使政权长存，关键在于为政者是否有德。因此，为政者应有德、崇德，涵养自身的德行。夏商二代之所以丧失政权就在于其为政者不崇德、无德行，如《尚书·召诰》言："惟不敬厥德，乃早坠厥命"，《尚书·无逸》言："生则逸，生则逸，……惟耽乐之从"。周之所以能取代殷就在于其为政者能做到崇尚德、有德行，如周文王能够"明德慎罚"。为政者的"德"落到政治实践中便是要敬民、爱民和安

第一章
为政以德的丰富内涵与历史脉络

民,"皇天无亲,惟德是辅。民心无常,惟惠之怀"(《尚书·蔡仲之命》),夏商二代之所以灭亡就在于其为政者"不知稼穑之艰难,不闻小人之劳"(《尚书·无逸》),不懂得恤民和爱民,而周之兴起发展就在于其为政者"怀保小民,惠鲜鳏寡"(《尚书·无逸》),能够爱民和安民。因此,周人强调"天畏棐忱,民情大可见。小人难保,往尽乃心,无康好逸豫,乃其乂民"(《尚书·康诰》),"天视自我民视,天听自我民听"(《尚书·泰誓》),"民之所欲,天必从之"(《尚书·泰誓》),以对民的重视与爱护来做到崇德和敬天。周人对"德"的发现和对"民"的重视,变革了殷人"君权神授"的政治观念,在否定"皇天有亲"的基础上,用"修德配命""以德配天"替代了殷人的"以祖配天",使对具有外在性的天神信仰转换为内在的道德自觉,人的主体性开始觉醒。

人及其主体性的觉醒为孔子为政以德的提出奠定了基础。进入春秋时代,"天"的神秘与权威进一步被削弱,"人"的意识进一步觉醒。在《论语》中,"天"的至上神蕴味已大为淡化,这跟孔子"未能事人,焉能事鬼"(《论语·先进》)和"敬鬼神而远之"(《论语·雍也》)的态度不无关系。孔子在《论语》中的"天"虽含有"四时行焉,百物生焉"(《论语·阳货》)的自然之天的意思,但更多是指如"天生德于予"(《论语·述而》)的道德与价值之天。孔子并不否认"天"与"命"对人具有某种外在的限制力量,但他认为人作为一种具有德性的生命存在,人能心存"仁"、践行"仁",通过"仁"来体悟"天"之道,实现作为人的价值,构建符合"天"

读懂为政以德

之道的政治秩序,故孔子言:"人能弘道,非道弘人"(《论语·卫灵公》)。就此意义而言,"天"不仅不外在于人,而且成了人实践和实现价值的内在根源。同时,生存于天地间的人由行"仁"而获得了存在的独立性与自主性,"为仁由己,而由人乎哉"(《论语·颜渊》),"我欲仁,斯仁至矣"(《论语·述而》),人对天命与天道的领悟,对德性与价值的追求,都依决于人的自身努力。孔子以"仁"来阐发"人",人通过行"仁"来确立道德意识和修养德性,进而与天命天道合而为一。至此,"天"作为至上神的神秘和权威被消解,转而化为内在于人与物的先在本体。天命天道并不外离于人,人亦不能舍弃自身努力而外求于天命天道,"人外无道,道外无人"①,作为主体的人得以呈显。人只要率性行仁、循道修为,便可合于天命而成德,人世社会的政治秩序也由人道之教化而落成,此即《中庸》开篇之所言:"天命之谓性,率性之谓道,修道之谓教。"天命、人道与教化在儒家的思想文化中得到了统一,并由此开启了为政以德政治传统的新方向。

春秋战国时期社会经济、政治、文化的变革,是孔子提出为政以德的重要缘由。春秋战国是我国历史上社会急剧变革与转型的时期,春秋战国时期的社会经济、政治、文化都发生了重要变化,人的生存和国家政治秩序面临着逐欲争利、礼崩乐坏、价值冲突的极大危机。

春秋战国时期的社会生产力进步推动了社会分工的细化和经济

---

① 朱熹:《四书章句集注》,中华书局2011年版,第156页。

第一章
为政以德的丰富内涵与历史脉络

形式的多样化发展,随着社会经济的发展,人们的逐利欲望被刺激而膨胀,导致社会风气日下,唯利是图、放纵奢侈、背信弃义的道德失范现象屡见不鲜。"天下熙熙,皆为利来,天下攘攘,皆为利往"(《史记·货殖列传》),便是当时社会风气与现象的写照。

生产力与生产关系的发展变革引起了社会结构和社会关系的变化,新的社会阶层及其利益诉求产生,对春秋战国时期的政治与文化产生了重要影响。历史唯物主义认为,社会的经济基础决定社会的上层建筑,当社会的经济基础发生变化时,社会的上层建筑也将随之发生变化,而在社会的经济基础中,生产力是具有决定性的因素。在春秋战国以前,我国的社会经济基础相对比较稳定,建基其上的社会政治体制与秩序亦较为稳定,表现为由血缘亲情与氏族关系维护的横向秩序,以及由从天子到诸侯到卿大夫再到士建构的纵向宗法体制。然而到了春秋战国时期,随着社会的生产力发展与经济结构变化,旧有的社会生产关系受到冲击,政治上的血缘宗法体制与秩序随之发生裂变、趋向瓦解。

伴随社会经济结构的变革,新的社会阶层崛起,新兴社会阶层对经济与政治权益的追求对旧有的社会结构和政治秩序形成冲击,导致周王室的地位日益衰微、诸侯间混战不断,"礼乐征伐自诸侯出"成为时常发生的社会现象。孔子曾说:"天下有道,则礼乐征伐自天子出;天下无道,则礼乐征伐自诸侯出。"(《论语·季氏》)随着社会结构变化的进一步加剧,以王室权力为中心、以宗法血缘等级为基础的礼乐制度受到破坏,诸侯取代周天子而成为社会政治活动与秩序调控的实际主体，甚至还出现"自大夫出"和"陪臣执国命"(《论语·季氏》)的现象。在此历史时期，诸侯间为了争夺政治权力与经济利益而频繁发动兼并战争，战争并非以匡正礼义为指向，而是以抢夺土地、人口及政治权力为目的，给社会带来了深重的灾难。在诸侯的相互征伐中，弑君与亡国之乱象屡见不鲜，司马迁曾说："春秋之中，弑君三十六，亡国五十二，诸侯奔走不得保其社稷者不可胜数"(《史记·太史公自序》)，天下无道与政治秩序混乱之状可见一斑。

随着社会经济基础与政治制度的剧烈变革，春秋战国时期的思想文化领域也发生了重大变化与转型，传统的礼义道德规范与礼乐文化信仰在社会的急剧变迁中受到质疑和破坏，人们的精神世界面临着价值冲突与信仰虚无的深刻危机。自周公制礼作乐以来，礼乐文化作为社会的主流意识形态，建构着人们的精神世界与文化价值信仰，规范着人们的社会行动与生活，正如荀子所言："乐行而志清，礼修而行成……礼乐之统，管乎人心矣。"(《荀子·乐论》)然而，到了春秋战国时期，周王室衰微、各诸侯国相互征伐混战，社会新阶层崛起，社会的礼乐制度与文化日趋崩坏，人们从对礼乐制度的敷衍应付，到对礼乐文化的缺乏了解，再到对礼乐制度与文化的肆意破坏，人们的文化信仰体系出现坍塌危机。在混乱无序的社会中，礼乐文化体系解体，人剩下的只有原始的生命情欲和冲动，这种自然的欲望又加剧着人与人之间的争斗和社会的混乱。

因此，重建社会的价值理念与文化秩序，为人们的精神信仰提

第一章
为政以德的丰富内涵与历史脉络

供思想文化支撑，成为春秋战国时期的迫切需求。面对于此，孔子与儒家没有简单地否定人们的物质欲望和利益诉求，而是重新阐释与建构儒家之"礼"，期盼在政治实践中以礼义来规范人们的行为，使人的欲望诉求与社会经济发展在礼义的教化作用下相持而长。孔子坚守礼乐文化与道德传统，认为人是一种礼仪性的存在，道德是人之存在的本质体现，人须历经礼乐制度与文化的教化才能超越自然性而成为具有道德意识的主体性存在，人的精神秩序与社会的政治秩序才能得以建立。孔子以"仁"释"礼"，对"礼"作出新的阐释，力图为社会重建统一的礼乐文化体系，为人们的思想精神信仰提供礼乐文化支撑。在这样的背景下，孔子在政治上提出为政以德的主张和理念，希望通过为政者的德行修养和道德表率作用，为人们的行为提供准则和价值导向，重新确立人们对礼乐与道德的信仰，为社会政治秩序的重建提供规范和路径。

二、为政以德的内涵阐释

为政以德出自《论语·为政》："为政以德，譬如北辰，居其所而众星共之。"这句话的大意是为政者当修养德行以治理国家天下，如同天空中的北极星，安居其位而众星绕之运行。在这里，孔子把为政者比喻为北辰，把人民大众比喻为拱卫北辰的众星。这是孔子把宇宙学上的众星拱北图形和规律，创造性地反映到人的世界的政治事务治理中。在中国古天文学看来，北极星是恒明不动的，可以之来辨方位、正时序，就此形成北辰居于天中而众星以之为中心旋转的宇宙图景。孔子认为天道与人道是相互贯通的，治理国家天下如要像天上北辰居其所而受群星拱卫那般得到人民百姓的诚心拥戴，为政者就要正己修德、推行德政以及爱民安民。可见，为政以德的"德"包含了两个层面的意蕴：一方面意指为政者应实施有德之政，而有德之政当是关注黎民百姓的生存生活状况，体恤民众的不易，推行敬民、保民、惠民、安民之策，实现百姓的安居乐业，唯有这样百姓才会心悦诚服地接受为政者的施政，才会像众星拱卫北辰一样拥护这个政权；另一方面意指为政者应有德行，具有仁爱之德，既能正己修德、涵养自身的道德人格，又能推己及人、率先垂范，发挥为政者的示范和表率作用，才能使德政得以施行，也才能保障为政取得"众星共之"的效果和目的。由此可见，为政以德既回答了为政为何的问题，又回答了如何为政的问题，体现了目的与方法、价值与工具的有机统一。

（一）"政者正也"的政德之基

孔子的为政以德所推行之政乃敬德保民、以德和民的德政，而要实现德政就需要为政者拥有修身立德、以德配位、以身作则、以上正下的德行涵养，这是德政的政德基础。《论语·颜渊》记载："季康子问政于孔子。孔子对曰：'政者，正也。子帅以正，孰敢不正？'"在这里，孔子认为政道即是正道，为政者率先循守正道，就没有谁还敢不循正道而行。"政者正也"是孔子德政的首要准则，也

第一章
为政以德的丰富内涵与历史脉络

是孔子倡导的政德之基。"政者正也"要求为政者作为政权和民众的引路人，须先正己身，而后才能正人与正物。在孔子看来，无论是为人还是为政，都应循守正道而行，特别是为政者须率先垂范、以身作则，百姓才不敢也不会背离正道。孔子很重视"道"的意识，"道"指道路，即事物变化发展之一般规律，孔子以"道路"之意象来理解和诠释人类社会的发展规律，将"道"引申为人类社会生活中应循守的规范、准则与义理，如《论语》中所载之"三年无改于父之道，可谓孝矣"（《论语·学而》），"天下有道，则礼乐征伐自天子出"（《论语·季氏》），这里的"道"即规范与准则之意。

"政者正也"，孔子把"政"阐解为"正"，主要体现在"正名"和"正己"两个方面。"正名"强调社会的伦理道德规范和社会秩序的重构，即孔子所言之"复礼"；"正己"强调为政者自上而下的道德表率和榜样作用，即孔子所言之"克己"。

首先，在孔子看来，"正名"是为政治国的首要任务和重要基础。《论语·子路》中记载，子路曾经问孔子："卫君待子而为政，子将奚先？"孔子回答："必也正名乎！"孔子认为"正名"就是要明晰人们在家庭生活和国家政事中的角色、义务和职责，每一个人都能各安其位、各载其事，构建起和谐的伦理关系，才能为国家的治理奠定良好的基础。正如《论语·颜渊》中记载，齐景公问政于孔子，孔子对曰："君君，臣臣，父父，子子。"齐景公曰："善哉！信如君不君，臣不臣，父不父，子不子，虽有粟，吾得而食诸？"可见人们如果不依循"亲亲""尊尊"之准则和道德规范，不建立起

读懂为政以德

"君君,臣臣,父父,子子"的和谐伦理关系和秩序,国家社会之发展和个体的利益实现都难以保障。所以孔子既把"正名"视为人们日常生活的基本伦理道德要求,又把"正名"看作为政治国政治活动中的首要之事和基本准则,他认为:"名不正,则言不顺;言不顺,则事不成;事不成,则礼乐不兴;礼乐不兴,则刑罚不中;刑罚不中,则民无所措手足。"(《论语·子路》)

其次,孔子把为政者的"正己"即以身作则看作为政治国的关键。孔子曰:"其身正,不令而行;其身不正,虽令不从。"又曰:"苟正其身矣,于从政乎何有?不能正其身,如正人何?"(《论语·子路》)孔子把为政以德的基础和着力点放在对为政者的德行要求上,认为为政者只有做到"正己",才能实现"正人",即为政者只有涵养自身的君子人格与道德行为,体现出正确的伦理秩序和正而不偏的角色之德,才能以其道德表率来影响老百姓的行为方式和道德素养,进而提升整个国家社会的道德境界和凝聚力向心力,也即实现国家社会之"正"。

《论语·颜渊》曾记载季康子为盗贼很多而忧虑,于是向孔子求教,孔子答曰:"苟子之不欲,虽赏之不窃。"孔子这里的意思是说,假如在上的为政者不贪婪、不纵容己之欲望,而是修己之德、务民生之道,使百姓各得其所,如此,即使奖赏百姓偷盗,百姓也不会做。相反,倘若为政者贪婪纵欲,不务民生之道,就会导致社会的秩序混乱和百姓生发贪欲,就会有人偷盗,就会导致国家社会的不安宁。故于孔子而言,国家社会的道德风气是由为政者的德行来决

第一章
为政以德的丰富内涵与历史脉络

定和维系的，而并非全依靠政刑法令。"上好礼，则民莫敢不敬；上好义，则民莫敢不服；上好信，则民莫敢不用情"（《论语·子路》），为政者重视礼、按礼行事，则百姓就没有人敢不崇敬，为政者行事合乎事理，则百姓就没有人敢不服从，为政者诚恳守信，则百姓就没有人敢不诚实。所以当季康子以"如杀无道，以就有道，何如？"来问政于孔子时，孔子的回答是："子为政，焉用杀？子欲善而民善矣。君子之德风，小人之德草，草上之风，必偃。"（《论语·颜渊》）为政者的德行好比是风，老百姓的德行好比是草，风怎么刮，草就怎么倒。在孔子的运思逻辑中，政德或者说为政者的德行品质对民众具有很大影响，为政者推行德政，民众就会受到政德和"德风"的熏陶而向"正"看齐，就会像众星拱卫北辰一样紧密围绕在为政者周围。

还值得注意的是，"政者正也"还体现了孔子"政在选人"的为政理念。孔子曾以历史上的圣王贤君，举例说明"政在选人"的重要性及意义。《论语·泰伯》有载："舜有臣五人而天下治。武王曰：'予有乱臣十人。'"舜正是因为有了禹、稷、契、皋陶、伯益五位贤臣而使天下得到有效治理，实现德政的理想；周武王正是有十位治世贤臣的辅佐，才推翻了暴虐的商纣，实现周王朝的兴盛。"政在选人"要求为政者能选出德行正的贤能之人，"选贤任能"既是为政者的伦理职责，也是保证德政实施的必要方式，只有德才兼具的正人君子和贤德之人在位才能更好实现治平天下和保民安民的德政。所以当仲弓任季氏家宰后来向孔子请教如何治理政事时，孔子曰："先有司，赦小过，举贤才。"（《论语·子路》）其意是为政要先使为政之人各任其事、各司其职，宽免他人的小过失，举用有贤德和才能之人。那如何选用有贤德和才能之人呢？孔子认为"举直错诸枉，能使枉者直"（《论语·颜渊》），"举直错诸枉，则民服；举枉错诸直，则民不服"（《论语·为政》）。为政者只有将正直贤良的有德之人提拔起来，将其置于邪恶的人之上，天下百姓才会心悦诚服，而如果为政者把邪恶的人予以重用，将其置于正直贤良的人之上，天下百姓就会有怨言。孔子的学生子夏领悟了"举直错诸枉，能使枉者直"的丰富内涵，他说："舜有天下，选于众，举皋陶，不仁者远矣。汤有天下，选于众，举伊尹，不仁者远矣。"（《论语·颜渊》）舜选用皋陶、汤选用伊尹都使奸佞不仁之人远离政事，使德政得到很好的推行，从而天下百姓心悦诚服，造就了圣王之治。由此而言，为政者要想获得民心、实现德政善治，就要选贤任能，举用正直贤能之人。

（二）"道之以德"的治理之道

孔子的为政以德旨在以礼和德治理国家天下，从而取得如众星拱卫北辰般的德政效果，凸显出"道之以德"的治理之道。孔子曾对政刑和礼德在国家治理中的作用进行比较，认为只有以礼和德来为政治国，才能使百姓心悦诚服，取得良好的为政效果。他说："道之以政，齐之以刑，民免而无耻；道之以德，齐之以礼，有耻且格。"（《论语·为政》）这里的"道"同"导"，引申为治理之意。孔

第一章
为政以德的丰富内涵与历史脉络

子之意为用政令和刑罚来治理国家、管治百姓，民众会因为害怕受到惩罚而不得不约束自己的行为，但并没有培养起道德上的羞耻之感；与之相反，如果以高尚道德和礼仪规范来治理国家、引导百姓，则民众不仅行为端正自律、培养起道德上的羞恶之心，还能心悦诚服地认同国家政治，形成和谐的社会秩序。

"道之以德"体现了孔子以内在化的道德教化为基本导向的为政之道。在孔子的为政理念中，"德"居于核心的地位。他认为"道之以德"是理想的为政治国方略，与之相适应的为政治国手段是礼乐，而以政刑治国则效果欠佳，与之相适应的为政治国手段是刑罚。"道之以德"的为政理念体现了孔子对周代初年礼乐文明秩序的向往，"周监于二代，郁郁乎文哉，吾从周"（《论语·八佾》），当然也反映了他对春秋时期礼崩乐坏、天下无道状况的谴责。他批判当时法家仅仅以严刑峻法治国的方式，肯定礼仪道德在为政治国中的核心地位与作用。在他看来，希望用严刑峻法的高压方式使百姓循守善道，结果往往适得其反。为政者想要治理好国家，应首先做到严格要求自己，谨言慎行、立德修身，涵养个人的道德人格和品行，然后在百姓中推行道德教化，发挥自上而下的伦理表率作用，不断提升民众的道德水准和行为修养，为政者与百姓上下同德同心，国家自然会秩序井然，进而实现长治久安。

"道之以德"的内在化道德教化，离不开"齐之以礼"的外部调节。孔子所言之"礼"即"周礼"，其起源于祭祀的程序法式，后来在历史发展中逐渐演变为为政治国所需要遵循的政治制度和个体行

读懂为政以德

为规范。"礼,经国家,定社稷,序人民,利后嗣者也"(《左传·隐公十一年》)。"礼"是由人类社会历史实践经验积淀而成的文化规范和礼仪制度,人要由原始的个体生存样态进入与他人交往互动、建立和谐人伦秩序的文明状态,就要循守和践行"礼"。所以孔子指出人"不学礼,无以立"(《论语·季氏》),"不知礼,无以立也"(《论语·尧曰》)。孔子亦说:"克己复礼为仁。一日克己复礼,天下归仁焉。"(《论语·颜渊》)儒家经典文献《礼记》的《曲礼上》亦有载:"是故圣人作,为礼以教人,使人以有礼,自别于禽兽。"杜维明也曾指出,儒家学说中的人如不经历"礼仪化"之过程则不能成为真正之人。[1] 值得注意的是,"礼"之制度规范虽然对个体具有某种外在的规约和强制,但孔子认为个体只有克制自己,努力使自己的行为合乎礼之规范,个体的道德修养才能不断提高,即"克己复礼","礼"与"德"、规范与德性、外在与内在达到了一种统一。孔子始终强调要通过"礼"之规范和"德"之教化来引导百姓,使每一个体都能不断修德向善,使国家社会达致道德与秩序的存在之境。

"道之以德"还体现了孔子倡导无为而治的为政治国方式。说到"无为而治",人们一般会想到道家及其代表人物老子,但事实上,孔子不仅有"无为而治"的思想理念,还是先秦时期最早明确提出"无为而治"概念的思想家之一。孔子曰:"无为而治者,其舜也与!夫何为哉?恭己正南面而已矣。"(《论语·卫灵公》)孔子说舜并没

---

[1] 参见[美]杜维明:《人性与自我修养》,胡军、于民雄译,中国和平出版社1988年版,第28页。

第一章
为政以德的丰富内涵与历史脉络

有做什么，只是恭敬端庄地坐在王位上，以其德行影响百姓，就能使天下得到大治。"三代之治""南面而王"是孔子眼中"无为而治"的理想治国方式，"无为而治"就是指为政者用"立德修己"和"选贤任能"这样最小化为政行为，来取得"居其所而众星共之"和百姓"有耻且格"的最大化治理效果。为政者一方面通过立德修己，提升自身的德行涵养，发挥以上正下、上行下效的作用，进而带动整个国家社会道德风尚的提升；另一方面通过选贤任能，使有德贤能之人得到充分的尊重和任用，使人们在具体的国家政治事务中能各载其事、各任其职、各尽其能，进而推动惠民安民的德政之策顺利施行。如此一来，为政者就不需要大费周章地要求和命令人们去做什么，只需要集中精力制定好礼仪制度和规范并带头落实，就可以事半功倍地把国家社会治理好，此即孔子所提倡之"道之以德"的"无为而治"。所以孔子的为政以德也可以理解为"无为而天下归之"，"不动而化、不言而信、无为而成。所守者至简而能御烦，所处者至静而能制动，所务者至寡而能服众"。①

需要指出的是，孔子虽然主张为政以德，倡导"道之以德，齐之以礼"，但也并不完全否定和排斥"道之以政，齐之以刑"的作用。为政以德提倡德治，但道德教化和礼仪规范并不是解决社会政治问题的唯一方式，需要运用刑罚的时候还是要用刑罚。孔子曾说："圣人之治化也，必刑政相参焉。太上以德教民，而以礼齐之，其次以政焉导民，以刑禁之。刑不刑也，化之弗变，导之弗从，伤义

---

① 朱熹：《四书章句集注》，中华书局2011年版，第55页。

以败俗，于是乎用刑矣。"（《孔子家语·刑政》）由此可见，孔子认为刑罚也是为政治国的重要手段之一。他还认为："政宽则民慢，慢则纠之以猛；猛则民残，残则施之以宽。宽以济猛，猛以济宽，政是以和。"（《左传·昭公二十年》）为政者需要软硬两手抓，宽猛两手兼用，"德""礼"和"政""刑"相互补充，才能更好达到政之"和"的目标。当然，德礼与政刑相比，德礼乃是孔子为政之本，"政刑能使民远罪而已，德礼之效，则有以使民日迁善而不自知。故治民者不可徒恃其末，又当深探其本也。"[①]

（三）"修己以安百姓"的德政目标

孔子主张为政以德，意在以"政者正也"的政德基础，推行"道之以德"的为政治国之道，从而达致"修己以安百姓"的德政目标。为政以德体现了孔子"仁"与"爱人"的思想，为政以德的目标指向在于"修己以安百姓"。《论语·宪问》有载："子路问君子。子曰：'修己以敬。'曰：'如斯而已乎？'曰：'修己以安人。'曰：'如斯而已乎？'曰：'修己以安百姓。'"子路问孔子怎样才是君子，孔子说需要修养自身以做到端庄恭敬，然后与周围的亲人朋友建立起和谐的伦理关系，再进而在国家政治生活中使百姓安乐。从"修己以敬"到"修己以安人"，再到"修己以安百姓"，我们不仅可以看到孔子对"君子"之要求，还可以从"君子"的培养过程看到孔子为政以德的内在逻辑，即以"仁""德""礼"等来教育和引导人

---

① 朱熹：《四书章句集注》，中华书局2011年版，第55页。

第一章
为政以德的丰富内涵与历史脉络

们，培养有道德有教养有情怀的君子，并让君子参与到国家政治生活实践中，凭借君子们的道德涵养和表率作用，使国家社会的道德风尚建立起来，进而使人与人的关系变得和谐融洽，百姓在这样的秩序环境中自然会安居乐业。

刘宝楠的《论语正义》把"修己""安人""安百姓"解释为"修身也""齐家也""治国平天下也"，将《礼记·大学》里的"修身""齐家""治国平天下"与孔子的"修己""安人""安百姓"对应起来。《大学》有载："古之欲明明德于天下者，先治其国。欲治其国者，先齐其家，欲齐其家者，先修其身。……身修而后家齐，家齐而后国治，国治而后天下平。"按照《大学》"修身齐家治国平天下"的逻辑理路，君子"修身"是"齐家""治国平天下"的前提和基础，"齐家""治国平天下"是君子"修身"的追求和目标。同样，在孔子看来，"修己"是"安人"和"安百姓"的前提和基础，"安人"和"安百姓"是"修己"的更高理想和目的。所谓"修己以敬"，即是为政者的自我管理，"苟正其身矣，于从政乎何有？不能正其身，如正人何？"（《论语·子路》）为政者必先修己，己身敬正，民谁不从？在这里，所谓"敬"，意指为人处世认真恭敬，特别是在为政治国时，要"敬事而信，节用而爱人，使民以时"（《论语·学而》)，也就是要认真恭敬地为政处事并有诚信，要节约财用并爱护人民，要根据农时来引导民力。《论语·雍也》曾记载孔子对弟子冉雍（字仲弓）的评价以及二人关于"敬"与"民"的对话："子曰：'雍也可使南面。'仲弓问子桑伯子。子曰：'可也，简。'仲

读懂为政以德

弓曰：'居敬而行简，以临其民，不亦可乎？居简而行简，无乃大简乎？'子曰：'雍之言然。'"朱熹解释："南面者，人君听治之位。言仲弓宽洪简重，有人君之度也。""言自处以敬，则中有主而自治严，如是而行简以临民，则事不烦而民不扰，所以为可。若先自处以简，则中无主而自治疏矣，而所行又简，岂不失之太简，而无法度之可守乎？"① 可见，为政治国、管理百姓可以"居敬而行简"，但不可"居简而行简"，故为政者须做到"修己以敬"。在做到"修己以敬"之后，还需要做到"修己以安人""修己以安百姓"，这是比"修己以敬"更高的理想和目的。

"修己以安百姓"是君子修身的理想和追求，也是孔子为政以德的目标要求，体现出孔子仁政爱民的政治思想。那如何做到"安百姓"呢？孔子曾提出"庶矣""富之""教之"的安民三部曲。根据《论语·子路》中的记载，孔子曾经跟弟子冉有到卫国，孔子看到卫国的人口现状，感叹道："庶矣哉！"冉有提问："既庶矣，又何加焉？"孔子答曰："富之。"冉有追问："既富矣，又何加焉？"孔子再答曰："教之。"孔子所言之"庶矣"即要"使民以时"，让百姓的劳作符合自然规律，使百姓能够休养生息；"富之"即要"因民之所利而利之"（《论语·尧曰》），满足百姓的物质生活需求，使百姓能够逐步富裕起来；"教之"即要"道之以德，齐之以礼"，对富裕起来的百姓进行道德教化，充盈百姓的精神世界，营造向善的道德风尚，使百姓过上安稳、富足、文明的生活。这就是孔子为政以德所追求

---

① 朱熹：《四书章句集注》，中华书局2011年版，第81—82页。

的德政理想。在这里，德政即有仁德的为政治国方略和措施，其本质为讲仁爱、重百姓的民本理念。孔子曾言："民以君为心，君以民为体。心庄则体舒，心肃则容敬。心好之，身必安之。君好之，民必欲之。心以体全，亦以体伤。君以民存，亦以民亡。"（《礼记·缁衣》）由此可见，为政者当要重视自己的德行，重视民众在国家政治中的地位，以爱人之心推行仁德之政，发挥"政者正也""道之以德"的作用，关注百姓生活和民生所需，使民众的物质生活和精神生活不断富裕起来，才能实现"安百姓"和长治久安的为政愿景。

第二节 为政以德的思想智慧

孔子提出的为政以德思想，深刻体现了以民为本的治理理念，强调统治者需先正己修身，以高尚品德引领社会风尚。礼乐教化作为核心手段，旨在通过文化熏陶培养民众的道德情操，构建和谐社会。在实施过程中，孔子主张"德主刑辅"，即道德教化为主，刑罚为辅，力求在维护社会秩序的同时，激发人们的内在善性。在用人方面，他坚持任德尚贤，重视官员的品德与能力，确保国家机器的高效运转。为政以德不仅是对统治者个人修养的要求，更是对治国理政方略的深刻阐述。

一、以民为本的价值导向

儒家的为政以德思想要求为政者要正己修身、推己及人、施行德政，以"修己以安百姓"为目标和追求，使百姓能够安居乐业，凸显出以民为本的鲜明价值取向。以民为本是儒家推行德政的价值基础，也是儒家为政以德的要求和本质，强调百姓是国家与为政之本，百姓对国家的兴衰存亡起着根本性的作用，为我国古代为政者

第一章
为政以德的丰富内涵与历史脉络

在治国理政过程中如何看待和处理其与百姓的关系问题提供了价值导向与思想智慧,对我国的政治实践发展产生深远影响。

《尚书·五子之歌》:"皇祖有训:民可近,不可下。民惟邦本,本固邦宁。"我国以民为本的思想源远流长,大禹早有训诫,百姓可亲近但不可失礼和轻视,百姓是国家之根本,重视百姓,使百姓的生活安定了,国家自然会太平和兴盛。《尚书·大禹谟》记载禹帝,"德惟善政,政在养民","正德、利用、厚生、惟和"。蔡沈《书集传》:"且德非徒善而已,惟当有以善其政。政非徒法而已,在乎有以养其民。"君主的德行在于使政治变得美好,好的为政举措在于使百姓的生活变得美好。故为政者要"正德",即自正其德、正己正人,要"利用""厚生",即让百姓不饥不寒、生活富裕。"德惟善政,政在养民"揭示了"德"的政治性、"政"的人民性,在这里,修德、善政、养民具有内在的一致性,共同构成了为政以德的整体框架。

春秋战国时期,以民为本的思想进一步发展。孔子认为:"古之为政,爱人为大。"(《礼记·哀公问》)"爱人"即"爱民",为政者当把"民"放在治国理政的首位,以民为本、爱民养民,才能践行为政以德,方能"譬如北辰,居其所而众星共之"(《论语·为政》)。孟子继承和发扬孔子的思想,认为民心向背决定着国家存亡,国家败亡往往是因为不得民心,他说:"桀纣之失天下也,失其民也;失其民者,失其心也。得天下有道,得其民,斯得天下矣。得其民有道,得其心,斯得民矣。得其心有道,所欲与之聚之,所恶勿施尔也。民之归仁也，犹水之就下、兽之走圹也。"(《孟子·离娄上》)故要取得民心，就要广施仁政和与民同乐。孟子认为"尧舜之道，不以仁政，不能平治天下"(《孟子·离娄上》)，为政者行仁政就要"制民之产，必使仰足以事父母，俯足以畜妻子，乐岁终身饱，凶年免于死亡……五亩之宅，树之以桑……鸡豚狗彘之畜，无失其时……百亩之田，勿夺其时……谨庠序之教，申之以孝悌之义"(《孟子·梁惠王上》)。此外，为政者还要忧民所忧、乐民所乐，才能赢得民之信任与拥戴，因为"乐民之乐者，民亦乐其乐；忧民之忧者，民亦忧其忧。乐以天下，忧以天下，然而不王者，未之有也"(《孟子·梁惠王下》)。荀子也特别重视民的地位和作用，认为君为舟，民为水，"水则载舟，水则覆舟"(《荀子·王制》)，为政者要以此警醒自己，做到为民着想、施政为民。荀子有言："有社稷者而不能爱民，不能利民，而求民之亲爱己，不可得也。民不亲不爱，而求其为己用，为己死，不可得也……故君人者，爱民而安，好士而荣，两者无一焉而亡。"(《荀子·君道》)故荀子倡导"王者之法，等赋，政事，财万物，所以养万民也"(《荀子·王制》)，要求为政者施行爱民之政、利民之策。可见，以民为本始终贯穿于儒家关于如何为政的思想理念中。

作为儒家为政以德的价值导向，以民为本要求在政治上重视和崇敬百姓。儒家把"民"放在为政之首要地位，提倡爱民和恤民，要求为政者在政治实践中重视与崇敬民众。孔子称赞管仲，就是因为"管仲相桓公，霸诸侯，一匡天下，民到于今受其赐"(《论

第一章
为政以德的丰富内涵与历史脉络

语·宪问》);孔子称赞子产,就是因为子产"有君子之道四焉:其行己也恭,其事上也敬,其养民也惠,其使民也义"(《论语·公冶长》)。所以孔子把"修己以安百姓"(《论语·宪问》)和"博施于民而能济众"(《论语·雍也》)作为修身和为政的理想追求。孟子认为在民、社稷、君三者中,民是最为重要的,他说:"民为贵,社稷次之,君为轻。是故得乎丘民而为天子,得乎天子为诸侯,得乎诸侯为大夫。诸侯危社稷,则变置。牺牲既成,粢盛既洁,祭祀以时,然而旱干水溢,则变置社稷。"(《孟子·尽心》)可见社稷因为百姓而得以存,君王因为百姓而得以立,"民"是决定天子、诸侯与社稷是否变置的根本因素。荀子尊君,但其尊君是为民,认为"天立君为民",他说:"天之生民,非为君也。天之立君,以为民也。"(《荀子·大略》)民在政治上的重要地位被凸显出来。

作为儒家为政以德的价值导向,以民为本要求在经济上要惠民、助民和富民。儒家为政以德不仅倡导在政治理念上重民和贵民,而且要求在经济制度和政策实践中满足百姓的物质生活需求,进而使百姓生活富裕。《论语·子路》曾记载孔子与弟子冉有驾车到卫国时的一段对话,孔子说:"庶矣哉!"冉有问孔子:"既庶矣,又何加焉?"孔子回答冉有说:"富之。"当冉有听到孔子感叹卫国人口众多时请教孔子还需要做什么,孔子的回答是使百姓富足起来。在孔子看来,为政应当重民爱民,使民以时,减轻百姓负担,因民之所利而利之,改善百姓的物质生活条件,进而使国家人力兴旺、百姓富足。孟子在孔子思想的基础上,进一步提出了"薄赋敛""制民之产"等养民、利民和富民的政策举措，认为民无恒产则无恒心，"制民之产，仰不足以事父母，俯不足以畜妻子，乐岁终身苦，凶年不免于死亡。此惟救死而恐不赡，奚暇治礼义哉？王欲行之，则盍反其本矣"（《孟子·梁惠王上》）。荀子也特别重视在经济上使百姓富裕，进而使国家富有，提出"节用裕民""裕民以政"等原则与措施。《荀子·富国》有载："足国之道，节用裕民而善臧其馀。节用以礼，裕民以政。彼裕民，故多馀。裕民则民富，民富则田肥以易，田肥以易则出实百倍。上以法取焉，而下以礼节用之，馀若丘山，不时焚烧，无所臧之，夫君子奚患乎无馀？故知节用裕民，则必有仁义圣良之名，而且有富厚丘山之积矣。此无它故焉，生于节用裕民也。"荀子在这里阐述了他的富国之道，那就是要依照礼法开源节流，制定政策指导百姓的农业生产，使百姓的生活逐渐富裕起来，这样君王就不需要担忧没有余粮了，故荀子认为"节用裕民"是"仁义圣良"之政的重要原则和举措，也是"仁义圣良"之政的重要体现。受先秦儒家惠民和富民思想的影响，我国古代各朝为政者都能较为重视民众的物质生活状况，推出系列惜民惠民的经济政策，减轻百姓税赋负担，促进了传统社会的农业发展和民生安稳。

作为儒家为政以德的价值导向，以民为本不仅要求在政治上重民、经济上富民，还要求在文化上教民。"先富后教"是儒家的重要理念，孔子回答弟子冉有关于卫国"庶"与"富"之后还应怎么做时说到了"教之"的主张，即为政者除了要关注百姓的物质生活需求、提高百姓的物质生活条件，还要满足百姓的精神生活需要，不

第一章
为政以德的丰富内涵与历史脉络

断提升百姓的文化教养。在儒家看来，治国理政首先要使百姓过上富足的生活，但要真正获得民心和实现"道之以德，齐之以礼，有耻且格"（《论语·为政》）的德政理想，还需要在思想文化上教民和化民，提升百姓的思想道德修养，凝聚社会的共同价值理想。为此，孟子在提出"制民之产"，使百姓有"恒产"，生活稳定和富足之后，还提出"谨庠序之教"，"申之以孝悌之义，颁白者不负戴于道路矣"（《孟子·梁惠王上》），使百姓知礼义、有教养、明人伦，"然后驱而之善，故民之从之也轻"（《孟子·梁惠王上》），所以孟子认为"善政不如善教之得民也。善政，民畏之；善教，民爱之。善政得民财，善教得民心"（《孟子·尽心上》），"教"才能更好地引导百姓向善，培养百姓的道德品行，"教"比政令法度更能赢得百姓的认可与拥护。荀子继承和发展儒家"先富后教"的理念，提出："不富无以养民情，不教无以理民性。故家五亩宅，百亩田，务其业而勿夺其时，所以富之也。立大学，设庠序，修六礼，明十教，所以道之也。《诗》曰：'饮之食之，教之诲之。'王事具矣。"（《荀子·大略》）荀子认为既要在物质生活上使百姓富足，又要在礼义道德上教化百姓，即"立大学，设庠序，修六礼，明十教"，提升百姓的文化道德修养，当百姓在物质上和精神上的生存状态都不断得到优化时，儒家追求的德政理想就会实现。儒家强调为政以德、以民为本，要求除了在政治上重民敬民、经济上利民富民，更要在思想道德文化上教民和化民，进一步凝聚民心和优化风俗，从而使我国古代以民为本的思想和为政以德的传统具有了教化的特质。

二、正己修身的为政立场

为政以德思想重视人在政治实践中的德行及其作用发挥，把为政者的德行修养作为推行德政的出发点，注重通过为政者的自身涵养来发挥对民众的引领作用，从而彰显出为政为民的价值指向和正己修身的为政立场。儒家正己修身的为政立场决定了其对作为国家治理主体的为政者有很高的道德素养要求，要求为政者不仅在个人行为上具有很高的人格道德修养，而且在待人接物、为政办事方面表现出较强的综合素质，只有具备这样的主体素养才能做到正己修身，取得百姓的拥护。

正己修身的为政立场体现了儒家"政者正也"的理念。季康子曾经向孔子求教如何为政，孔子回答他说："政者，正也。子帅以正，孰敢不正？"（《论语·颜渊》）孔子在这里意在让季康子明晓为政者须首先反躬自省，只有自身的言辞行为端正了，周围的民众才会纷纷向上学习而不敢不正，这种自上而下的表率作用在孔子看来，是为政者须予以重视和付诸实践的。当季康子为其施政时期盗贼太多而苦恼时，孔子又告诉他："苟子之不欲，虽赏之不窃。"（《论语·颜渊》）孔子在这里似乎含有批评季康子自身不正的为政者形象，劝诫其注意调整自身行为，提升德行修养，自然会产生良好的为政治理效果。但季康子并没有领会孔子的用意，亦没有反思自身的言辞行为是否端正得道，故他继续向孔子询问"如杀无道，以就有道"（《论语·颜渊》）是否可行。季康子"杀无道，以就有道"

第一章
为政以德的丰富内涵与历史脉络

的为政思路反映的是"道之以政,齐之以刑,民免而无耻"(《论语·为政》)的逻辑,显然这是为孔子所不提倡的。故孔子劝导季康子:"子为政,焉用杀?子欲善而民善矣。君子之德风,小人之德草,草上之风,必偃。"(《论语·颜渊》)可见孔子崇尚的是"道之以德,齐之以礼,有耻且格"(《论语·为政》)的为政道路和目标追求。要实现这样的目标,为政者就要贯彻"政者正也"的理念,做到以身作则和率先垂范。这也即儒家所倡导的先正己而后能正人的修身为政立场和精神。

正己修身的为政立场体现了儒家对为政者主体素养的重视和强调,要求为政者通过提升自身的道德修养来达致自上而下的伦理表率效果。孔子主张"克己复礼"(《论语·颜渊》),曾子提倡"吾日三省吾身"(《论语·学而》),孟子倡导"行有不得者,皆反求诸己"(《孟子·离娄上》),荀子强调"君子博学而日参省乎己"(《荀子·劝学》),都旨在通过不断提高自身的道德修养和行为素质来推己及人、将儒家正己修身的为政理念和逻辑付诸政治实践中。儒家对为政者主体修养的重视不仅体现在待人接物的为政实践中,亦体现在为政者个人生活,特别是独处时的道德自律。孔子曾言:"《书》云:'孝乎惟孝,友于兄弟,施于有政。'是亦为政,奚其为为政?"(《论语·为政》)这是有人问孔子为什么不为官参政时他的回答,在这里,孔子把修身为政的意蕴进一步地拓展了,使修身为政的理念渗透进了为政者生活世界的各方面,同时突出了君子慎独的要求。《中庸》开篇就说道:"道也者,不可须臾离也,可离非道也。是故君

读懂为政以德

子戒慎乎其所不睹,恐惧乎其所不闻。莫见乎隐,莫显乎微,故君子慎其独也。"《中庸》之"慎独"可谓为儒家正己修身的为政立场和理念注入了新的内涵。

正己修身的为政立场要求为政者具备恭宽信敏惠的基本道德素养。《论语·阳货》记载:"子张问仁于孔子。孔子曰:'能行五者于天下为仁矣。'请问之。曰:'恭、宽、信、敏、惠。恭则不侮,宽则得众,信则人任焉,敏则有功,惠则足以使人。'"在孔子看来,为政者如能按照"恭宽信敏惠"的品德要求来规约和提升自己,就会取得德政施行、百姓拥戴的治理之效。"恭"有恭敬、敬畏之意,要求为政者要培养和保持恭敬端庄的心境,既要"泰而不骄"(《论语·子路》),又要"威而不猛"(《论语·述而》),遵循礼之要求来行事,表现出对人的尊重与恭敬。"宽"要求为政者以宽厚的心态和度量对待他人,践行儒家"己所不欲勿施于人"(《论语·卫灵公》)的"恕"道。"信"既包含待人以诚的含义,也含有守信政令之义。"上好信,则民莫敢不用情"(《论语·子路》),"君子信而后劳其民,未信则以为厉己也"(《论语·子张》),为政者需要真诚地对待民众,才能取得民众的信任,使政令得到有效施行。"敏"要求为政者努力做到勤敏敬业,"敏则有功"意在表明为政者需要谨慎对待自身的职责,通过"敏于行"(《论语·里仁》)的勤政行为带来理想的治理之效。"惠"则要求为政者造福于百姓,使百姓获益。这既要求为政者"节用而爱人,使民以时"(《论语·学而》),又要求为政者"博施于民而能济众"(《论语·雍也》),唯有做到爱民与利民,向百姓施予德政和实惠,才能赢得百姓的信任与拥护。为政者涵养"恭宽信敏惠"之德,既体现了儒家正己修身的为政要求,也是在践行儒家"修己以安百姓"的德政追求。

三、礼乐教化的德治保证

儒家的为政以德思想的践行有赖于推崇周代的礼乐文明,倡导"道之以德,齐之以礼"的德治之道,认为"政刑能使民远罪而已,德礼之效,则有以使民日迁善而不自知"[①],以礼乐教化来保证德政的实施和以德化人之效的实现,形成了我国礼乐教化的德治传统,对我国文化与文明的发展产生重要而深远的影响。

中国是拥有悠久历史的礼仪之邦与文明型国家,具有深厚的礼乐文化底蕴与道德教化传统。在我国传统社会中,道德教化具有统合社会文化资源、凝聚社会价值共识与增强人们的文化认同、统一人们的社会行动的重要功能,是构建人们共同的精神文化家园的重要方式,也是培养人的德性与实现有序政治秩序的重要路径。

何为"教"?"教"在《说文解字》中的解释是"上所施,下所效也",意为上面做示范,下面学习模仿。《礼记·学记》有云:"是故学然后知不足,教然后知困。……故曰:教学相长也。"原初之"教"蕴含着教与学的统一性。《国语·周语》载:"教,文之施也。"又《论语·述而》云:"子以四教:文、行、忠、信。"《中庸》

---

① 朱熹:《四书章句集注》,中华书局2011年版,第55页。

亦载:"修道之谓教。"又载:"自诚明,谓之性;自明诚,谓之教。"《荀子·修身》云:"以善先人者谓之教。"《孟子·滕文公上》曰:"使契为司徒,教以人伦。"循此可见,"教"是教的施动者以社会道德规范来范导人们,使作为教之受动者的人们通过接受社会道德规范而内得于己、外得于人。何为"化"?《说文解字》将"化"释解为"教行也"。"化"是"教"之施行的效果,是人接受了"教"而发生的变化。《周易·贲》载:"观乎人文,以化成天下。"《道德经》曰:"我无为而民自化。"《管子·七法》曰:"渐也,顺也,靡也,久也,服也,习也,谓之化。"《荀子·不苟》云:"长迁而不反其初则化矣。"依此可见,"化"是人们接受道德规范与理念的范引而完善自身、徙恶从善的潜移默化过程,在这个过程中,道德规范化为人们的情感意志和精神品质、成为社会群体的价值托依和行动指引。在"教"与"化"的发展演变过程中,荀子开始将二者连用而成为"教化"一词,意指对人的德教感化和对社会的政教风化之实践活动,内蕴儒家为政以德的思想智慧。荀子在其书之《正论》篇云:"尧、舜,至天下之善教化者也",在《王制》篇云:"论礼乐,正身行,广教化,美风俗"。尔后,《礼记·经解》亦有载:"礼之教化也微,其止邪也于未形。"到汉代,董仲舒曾在《举贤良对策》中有言:"子孙长久,安宁数百岁,此皆礼乐教化之功也……凡以教化不立而万民不正也……南面而治天下,莫不以教化为大务。立太学以教于国,设庠序以化于邑……教化行而习俗美也。"可见,"教化"作为儒家对人与社会之教育感化的重要途径和方式,是儒家为政以

第一章
为政以德的丰富内涵与历史脉络

德思想在实践上的重要体现。

教化作为为政以德思想的重要体现和方式，其化人途径在于将礼义道德以潜移默化的方式触动人的内心世界、渗入人的生命存在中，其目标归旨在于将礼义道德转化为人的道德品行和社会的秩序形式，使人与社会成为一种有道德的存在。

从个体的维度看，儒家的教化是为政者将礼义之道德规范与理念以潜移默化的方式融渗进个体的生命世界中，使个体在渐滋浸渍中将礼义道德转化为内在人格与道德品质，从而实现个体的生命存在之超越与精神生活秩序之构建。儒家的教化既以人之生命存在的自然事实为前提与基础，又超越于人的生命存在之事实本身，教化作为塑造人的德性的活动与过程，内含着对人的真实生命存在的范导和提升，使人超越生命的自然本能状态，养成符合礼义道德的伦常行为品质。

一方面，儒家的教化不是对人的自然情欲的否定，而是尊重个体生命的真实存在，开启个体生命的道德视界，激励与培育个体认知礼义道德的理性自觉。在儒家看来，人的生命存在是道德规范及其价值实现的基础，教化应首先理解与尊重个体生命存在的价值和合理的自然情欲需求。在此基础上，教化将开拓人的生命实践视界，激发人的生命潜能，引导个体意识到自己可以成为生命存在与道德实践的主体，使个体的道德情感、道德信念、道德理性在潜移默化的日常生活中得到涵塑。

另一方面，儒家的教化以一种具象化的方式将凝聚着人类存在之道与文化价值的礼义规范渗入个体的内心世界，使个体在体悟与历史、与他者的伦理关系的意蕴中不断向世界敞开自身，从而获得生命存在意义的丰满和人格、德性的涵成。从儒家的思想视野看，礼义规范的来源与理据是人的存在之道，是人在历史实践中处理人与自然、人与社会之关系的文化积淀。因此，当教化将礼义规范及其蕴含的文化价值以切合人心之认知特性的、具象化的方式渗进个体的内心世界、触动个体的精神世界时，就意味着个体自觉地走进了人的历史实践与伦理生活的场域中。在这里，个体将获得社会身份与伦理角色的确认，获得道德义务和责任的规定，个体的生命存在亦被赋予了家国、社会与历史的多重维度，从而使个体的生命存在超越自然状态而不断向意义与价值世界延展。

从社会的维度看，儒家的教化是为政者以礼义道德规范和理念来范导民众，使民众在社会生活中禀受礼义规范的精神价值，形成共同的情感与行为方式，从而构建起和谐稳定的政治秩序。按照儒家的看法，国家社会是由民众组成的群体，但国家社会作为群体并不是民众自发与自然的聚集，而是由民众遵守共同的行为规范与价值理念凝聚成的具有稳定秩序的群体存在。在这样的群体社会中，礼义道德是民众把握和处理人与人、人与社会关系的重要方式，礼义道德及其教化在国家社会从自发自然的状态走向有为有序的状态的过程中发挥着重要作用。

儒家的教化是一种化民成俗的"政治—伦理"举措，是为政者以礼义的文化传统和制度规范营造良好的环境，使生活在其中的民

第一章
为政以德的丰富内涵与历史脉络

众禀受共同的社会准则,尊崇礼俗伦常,各载其事、各得其宜,从而使国家政治生活达到"群居和一"(《荀子·荣辱》)的有序状态。在我国古代,教化是为政者基于民众的心理与情理特点而推行的政教风化举措,引导民众在日常生活中形成共同的习俗信念与行为方式,从而在日积月累中化民成俗和构建政治秩序。在儒家看来,教化作为重要的政教风化举措,以塑造融洽和谐的伦理型社会生活为指向,重视将礼义道德规范融进民众的伦常生活,激发民众的情感共鸣、形成民众的文化共识,从而在化民成俗中落实政治秩序的构建。正如荀子所言:"先王案为之制礼义以分之……皆使人载其事而各得其宜,然后使悫禄多少厚薄之称,是夫群居和一之道也。"(《荀子·荣辱》)可见,在儒家教化中,政治、经济与道德是融为一体的,为政者需要有智慧地把人自身的利益欲求、人与人之间的利益关系都融渗在对和谐稳定的道德风俗秩序的追求中。梁漱溟曾指出,中国古代是伦理本位的社会,周孔教化以道德代宗教,具体表现为:以礼乐揖让来涵养理性,使人们的心理情致在具体的礼乐文化与制度中顿然变化于不觉,使人们自尽其心而涵厚其德;以伦理名分来组织社会,伦理名分意在习俗观念之养成,并在习俗观念上明示其人格理想,而同时一种组织秩序,亦即安排出来。[①]

在儒家的教化体系中,"礼"既是儒家教化的核心内容,又是儒家教化的重要落实路径。一方面,"礼"是民众日常行为的规范基础和依据,"礼者,所以正身也……无礼何以正身"(《荀子·修身》)。

---

① 参见梁漱溟:《中国文化要义》,上海人民出版社2011年版,第76—117页。

读懂为政以德

另一方面,"礼"是国家治理和政治生活实践的规范准则,为国家社会的发展提供依托,"礼者,法之大分,类之纲纪也"(《荀子·劝学》),"隆礼贵义者其国治,简礼贱义者其国乱"(《荀子·议兵》)。总体而言,儒家之"礼"是民众修身成德和国家构建治理秩序的重要内容与途径,民众没有"礼"则不能很好地规范自身行为,国家社会的治理没有依"礼"而行则不能有序和安宁。儒家教化以"礼"定分与安伦,使"礼"对民众的范导和政治秩序的形成在实践中落实,但如何使规范之"礼"内化于民众之心从而植根于民众的精神生命中,儒家则进一步提出了以乐致和、礼乐相统的教化进路,使民众在乐的陶冶熏化中心悦诚服地顺和于礼。人如果只是机械地接受礼而没有乐的陶养,则会失去生命之感性与柔性;社会秩序如果只是单维地接受礼的安排而没有乐的疏导,则"人与人之间,会导致精神上的离隔"[1],社会徒有秩序之规范而无人心之和谐。因此,儒家重视乐在人的情理结构与道德人格之培养中的功用,使融洽的政治秩序在乐的化育中得以建立起来。

孔子曰:"兴于诗,立于礼,成于乐。"(《论语·泰伯》)又有曰:"文之以礼乐,亦可以为成人矣。"(《论语·宪问》)《论语》中孔子常将礼、乐连用,礼与乐相统而成,乐是人的仁礼之心得以生成发用、社会礼制规范得以入化人心的保证。孟子以仁义释乐,丰富了乐的道德意蕴。荀子继承了前人以乐治心、养情与成德的传统,并在"礼"的系统中重新阐释了"乐",发挥"声乐之入人也深,其化

---

[1] 徐复观:《中国人性论史·先秦篇》,九州出版社2014年版,第235页。

第一章
为政以德的丰富内涵与历史脉络

人也速"(《荀子·乐论》)之特点,礼乐相兼并施。儒家之所以以乐陶养民众之性情而使之合于礼,是因为乐能以其鼓钟、音律、节奏来恢弘人之意志、肃庄人之容貌、齐正人之行为;乐之清明广大及其旋律还内蕴着顺合天地与时变的礼道,以乐化人即是以道制欲,使人的自然性情在乐之潜移默化的陶冶涵养中内植和谐友爱之德。明乎此,孔子之"乐云乐云,钟鼓云乎哉"(《论语·阳货》)和《礼记·乐记》之"凡音者,生于人心者也;乐者,通伦理者也"便可深明其旨。

礼乐相统使儒家的教化真正落入人心,从而保障为政以德取得实际效果。儒家以"礼"定"分"、以"分"区别民众的社会角色而形成社会秩序,同时以"乐"致和、以"乐"和顺民众的情感,使"礼"的秩序规范内化为民众内心的自觉自律而终得落实。"乐合同,礼别异;礼乐之统,管乎人心矣"(《荀子·乐论》),礼之经在于显发人之真诚敬意而教民众践履秩序之规范,乐之情在于直达人心而化外在规范为民众的清明心志和德性,礼乐相统使得教与化、规范与德性、秩序与和谐相互融通而落实于民众内心。"乐者,天下之大齐也,中和之纪也"(《荀子·乐论》),乐蕴含着中庸之道,君臣听之则和敬,父子兄弟听之则和亲,长少贵贱听之则和顺,乐"审一以定和"(《荀子·乐论》),导引民众在礼之分异中寻思和体认礼之一道,并在此中感化人心、变化风俗,使天下和睦治平。可见,"礼义立,则贵贱等矣。乐文同,则上下和矣"《礼记·乐记》),礼为天地之序,乐为天地之和,有礼而无乐或有乐而无礼皆不能安伦与化物,只有礼乐相统方能构建起和谐的人伦和政治秩序。综而言之,儒家以礼统乐、以乐通礼,在礼乐之教化中陶冶民众的心性情感,使民众血气平和、情理融洽、志意清明,使人自尽其心而涵厚其德,并由人之成德而使整体之社会达到"天下皆宁,美善相乐"(《荀子·乐论》)的"群居和一"之境。

四、德主刑辅的施政途径

儒家主张为政以德,倡导"道之以德,齐之以礼",但也并非完全否定和排斥"道之以政,齐之以刑"的作用。为政以德提倡德治,但礼乐教化并非解决社会政治问题的唯一方式。孔子曾言:"圣人之治化也,必刑政相参焉。太上以德教民,而以礼齐之,其次以政焉导民,以刑禁之。刑不刑也,化之弗变,导之弗从,伤义以败俗,于是乎用刑矣。"(《孔子家语·刑政》)又言:"宽以济猛,猛以济宽,政是以和。"(《左传·昭公二十年》)在孔子看来,刑罚也是为政治国的重要途径之一,为政者需要宽猛两手抓,"德""礼"和"政""刑"互补,才能更好实现政之"和"的愿景。

儒家倡导为政以德,在政治秩序建构中以礼乐仁义之教化为本,但在重视德治的同时,也强调"法"与"刑"在国家治理中的功用。特别是到战国后期,儒家援法入礼,在隆礼的同时也重法,强调"法"在道德教化中的作用,这是对战国后期"法"作为一种新的社会调控方式已然得到重视与高扬的客观现实的回应。但儒家

第一章
为政以德的丰富内涵与历史脉络

坚持礼义道德教化立场，主张"德主刑辅"，强调"法""刑"不可离开"礼"，"礼"是"法""刑"的基础和价值归旨，从而与法家之"法"形成了根本区别。儒家认为，当人处于一种自然性的存在状态，社会处于一种"礼义不行，教化不成，仁者绌约，天下冥冥"（《荀子·尧问》）的无序状态时，要实现对人的"化性而起伪"和社会移风易俗之秩序重建的教化实效，不仅需要"礼乐仁义"，亦需要法度与刑罚，是故"圣人化性而起伪，伪起而生礼义，礼义生而制法度"（《荀子·性恶》）。面对人的自然情性与社会的失序之态，"圣王""君师"要实现天下皆出于治与合于善的秩序理想，不仅要申明礼义，亦要"起法正""重刑罚"，① 方能切实落成人之情性的教化和政治秩序的重塑。"不教而诛，则刑繁而邪不胜；教而不诛，则奸民不惩；诛而不赏，则勤属之民不劝……故先王明礼义以壹之……爵服庆赏以申重之……故奸邪不作，盗贼不起，而化善者劝勉矣。"（《荀子·富国》）由此而言，儒家的德治理想不仅是重塑美善风俗之社会，亦是建构公道正义之社会。

礼乐教化是儒家建构"群居和一"之理想社会的主要途径，但儒家同时认识到在现实社会中，也会存在部分不接受礼义与礼乐教化的犯分乱理之人，故儒家认为德政教化的施行与政治秩序的建构还需要"法""刑"的补充和辅助。荀子曾在其书的《正论》篇对当时世俗之人以尧之儿子朱、舜之弟弟象没有受到感化而质疑尧、舜不善于教化的观点进行批驳，荀子认为朱与象之不受感化并

---

① 参见王先谦：《荀子集解》，沈啸寰、王星贤整理，中华书局2012年版，第425页。

非尧、舜之过，亦非礼义之教化不能产生效果，而是因为"朱、象者，天下之嵬，一时之琐也"（《荀子·正论》）。正是基于这样的认识，荀子认为为政以德既需要礼义与礼乐的教化，又需要法刑的强制，礼乐法的融合运用方能使政治秩序建成，故荀子曰："至道大形，隆礼至法则国有常"（《荀子·君道》），又曰"天下莫不平均，莫不治辨，是百王之所同，而礼法之大分也"（《荀子·王霸》）。荀子以"法"为德治教化的必要补充和政治秩序建构的必要途径，具有逻辑上的必然性。荀子的"礼义"超越了单纯的个体心性修养范畴，成为调节人与人之间的伦常关系、位分关系、经济利益关系的社会规范和制度准则。随着"礼义"这种外化逻辑的延展，荀子突破"礼""法"的二分，实现由礼而法、隆礼至法的转进，使"礼""法"融合成为德治教化与政治秩序建构之途径。所以在荀子的视野中，"法"常含有与道德相关的模范与制度规范之义，如荀子曾云："循法则……不知其义，谨守其数……父子相传，以持王公，是故三代虽亡，治法犹存"。（《荀子·荣辱》）

儒家的"法"以"礼"为基础，"法"与"礼"相融，通过调节民众的行为习惯、规定民众的社会义务与社会角色分工来落实社会秩序的型构。与礼义不同，"法"对民众行为的调节是以具有外在强制性的奖赏刑罚为始端，使人不得不进入"法"之强制性规范的范围，促使民众去省思"法"对维持群体秩序和个人合理利益的内在价值，最终实现民众对"法"的认同，养成良善生活习惯。在初始阶段，民众遵守法度之规定是为了接受奖赏或避免刑罚，"法"对民众产生的效果是孔子所言之"民免而无耻";但儒家之"法"以"礼"为基础和价值指向,"法"作为规范能使民众在循守法度的过程中获得合理利益的满足,反思自身与他人、与群体之关系,从而涵化民众的自然情性,培养民众的羞耻感和正直人格,这时"法"与"礼"相通,能对民众形成孔子所言的"有耻且格"的教化之效。所以荀子说:"古者圣王……起礼义,制法度……以扰化人之情性而导之也。始皆出于治、合于道者也。今之人,化师法,积文学,道礼义者为君子。"(《荀子·性恶》)儒家还通过"法"和"礼"的"大分"与"枢要"作用,赋予民众在政治生活中的不同权利与义务,从而实现国家治理和社会发展的融洽有序。正如荀子在其书中说:"上莫不致爱其下而制之以礼……政令制度,所以接下之人百姓……君臣上下,贵贱长幼,至于庶人,莫不以是为隆正。然后皆内自省以谨于分,是百王之所以同也,而礼法之枢要也。然后农分田而耕,贾分货而贩,百工分事而劝,士大夫分职而听,建国诸侯之君分土而守,三公总方而议,则天子共己而止矣。出若入若,天下莫不平均,莫不治辨,是百王之所同而礼法之大分也。"(《荀子·王霸》)在这里,礼法是建构国家治理秩序的纲领与枢要。国家社会中的不同个体都以礼法为行动的准则,在习俗生活与政治事务中遵循礼法而行,并在其中认识和体悟礼法对维护稳定的秩序、满足自身与他人之不同利益需求的价值作用,从而认同与践履礼法赋予自身的权利和义务,在国家政治生活实践中守其职分、尽其所能。如是,从诸侯士大夫到庶人、从农贾到百工,便能遵礼法而分工、循礼法而尽职，百姓通过守法协作来实现自身与他人的利益需求和价值追求，"天下莫不平均，莫不治辨"的秩序景象自然呈显其中，儒家为政以德的德治追求便能得到实现。

儒家由礼而法、援法入礼，既重视"法"在建构治理秩序中的作用，又发挥"法"对人向道德转化的功效，并以后者保障前者的实现，从而使儒家之"法"与法家之"法"具有根本性的区别。法家也注意到礼义在治理秩序建构中的作用，如慎到认为法与礼都是要立公义，管子以礼义为"尊卑之仪表"（《管子·形势解》）。但法家认为道德对教化民众与建构秩序的作用是软弱和有限的，故法家把建构治理秩序的任务寄托于具有外在强制性的、刚硬的法律体系上，"民不道法，则不祥；国更立法以典民，则祥……法者，不可恒也。存亡治乱之所从出，圣君所以为天下大仪也"（《管子·任法》），礼义要在"法"的统摄下才能发挥作用。儒家借鉴了部分法家关于"法"的思想，但认为对民众的强制作用不是"法"的目的与价值。"法"对治理秩序的建构虽然具有外在强制性，但亦具有内在的培养民众生活习惯和道德行为的作用，并通过这种内在作用与外在强制保持平衡，共同完成对理想秩序社会的追求。所以儒家强调"德主刑辅"，"法"不可离开"礼"，"礼"是"法"的基础和价值归旨，与法家之"法"形成了根本区别：法家把国家之存在与发展全然统摄于强制性的国家制度和法律系统，"法"是建构治理秩序的单维有效之途径，否定了建基于血缘伦常关系与结构上的礼义的道德作用；① 而儒家坚持礼义教化的德治立场，既看到了"法"对治理秩序建构的必要作用，又坚持在血缘伦常的礼义基础上发挥"法"对引导民众向善的内在之功，"礼""法"统合、"德主刑辅"成为儒家德治教化与秩序建构的"枢"与"分"。综而言之，儒家隆礼至法、援法入礼，发掘"法"的伦理意蕴，重视"法"对民众良善行为习惯养成的必要作用，对工具性地强调"法"在国家治理中的刚性作用、否定"法"在导民向善和移风易俗上之效用的观念进行批判，以此区别于法家而坚持为政以德的德治立场与传统。

五、任德尚贤的用人智慧

任德尚贤是为政以德的重要环节和保证。孔子曾观察三代的政治得失，反思"人"的因素在为政治理中的作用，提出"为政在人"的观念，既强调为政者要正己修身、做好榜样，又要求为政者用人尚德、广聚贤才。为政以德体现着儒家崇尚贤人政治的用人智慧，儒家认为政令法度只是一种为政治理的工具，需要人的观念和实践在其中发挥作用，政令法度才体现出其价值。人是为政的根本之所在，故儒家倡导知人善任、选人有道和用人有方，突出选才用人以贤和德为先为要，重视政治人才的选拔与培育。

孔子很重视人在为政治理中的作用。《礼记·中庸》曾记载鲁哀

---

① 参见罗国杰主编：《中国伦理思想史》（上卷），中国人民大学出版社2008年版，第226页。

读懂为政以德

公向孔子请教为政之道，孔子答其曰："为政在人。"孔子在这里把"人"与"政"联系了起来，"政"即是众人之事。孔子还说道："文武之道，布在方策，其人存，则其政举；其人亡，则其政息。"（《礼记·中庸》）周文王、周武王推行为政之道，当这样的贤人明君不在时，即使政策仍存，天下也会出现无道的情况，可见其人在为政治理中的重要作用。"禹以夏王，桀以夏亡；汤以殷王，纣以殷亡。"（《说苑·尊贤》）为政者对国家的兴盛起着重要作用。故孔子倡导："为政在人，取人以身，修身以道，修道以仁。"（《礼记·中庸》）为政治理的关键在于人，为政者要选用以仁义之道修身的贤德之人来参与到施政实践中。"桓公兼有之，以得管仲、隰朋，九合诸侯，一匡天下……失管仲、隰朋，任竖刁、易牙，身死不葬。"（《说苑·尊贤》）可见贤能之臣对国家政治的重要性。

孔子不仅提出"为政在人"，还强调"政在选臣"（《史记·孔子世家》）。"政在选臣"侧重于选拔贤德之人，是对"为政在人"理念的进一步阐释，也是为政以德的内在要求。儒家主张"举贤才"，任德尚贤，把德才兼备、以德为重作为用人准则来使贤能者在其位和任其职。孔子跟弟子言偃谈起三代大同社会时说道："大道之行也，天下为公，选贤与能，讲信修睦。"（《礼记·礼运》）大同社会是孔子为政以德的目标追求，任德尚贤是实现这一追求的要求和基础。当仲弓向孔子请教如何为政时，孔子的回答是："先有司，赦小过，举贤才。"（《论语·子路》）"举贤才"是施行德政的重要条件和内容。"贤才"不仅可以帮助有道之君施行德政，还可以最

第一章
为政以德的丰富内涵与历史脉络

大限度降低无道之君的消极作用。例如孔子在解释卫灵公无道却未败亡的原因时,指出了仲叔圉、祝鮀、王孙贾在接待宾客、管理祭祀、统率军队方面的重要作用,"卫灵公之无道宜丧也,而能用此三人,犹足以保其国,而况有道之君,能用天下之贤才者乎"①,足见贤能之人对为政者的重要作用。孟子传承发展孔子"政在选臣"的观念,提出"不用贤则亡"(《孟子·告子下》),同样强调尚贤任能对为政治国的必要性和重要性。孟子认为君王当"急亲贤之为务"(《孟子·尽心上》),"尊贤使能"(《孟子·公孙丑上》),从而实现"贤者在位,能者在职"(《孟子·公孙丑上》)。关于"政在选臣",荀子也认为:"能当一人而天下取,失当一人而社稷危。"(《荀子·王霸》)他还举例对之进行说明:"成王之于周公也,无所往而不听,知所贵也。桓公之于管仲也,国事无所往而不用,知所利也。吴有伍子胥而不能用,国至于亡,倍道失贤也。"(《荀子·君子》)荀子进而总结:"尊圣者王,贵贤者霸,敬贤者存,慢贤者亡,古今一也。"(《荀子·君子》)

那什么样的人才是贤能之人、才符合为政以德的内在要求呢?在孔子看来,贤能之人应当"志于道,据于德,依于仁,游于艺"(《论语·述而》)。根据《孔子家语·五仪解》的记载,孔子在回答鲁哀公关于为政的问题时,曾对何为贤能之人进行了阐释:"所谓贤人者,德不逾闲,行中规绳,言足以法于天下而不伤于身,道足以化于百姓而不伤于本,富则天下无宛财,施则天下不病贫。此贤者

---

① 朱熹:《四书章句集注》,中华书局2011年版,第145页。

也。"可见孔子眼中的贤能之人是合乎仁义法度的,言行能为天下百姓树立表率榜样,能教化民众和使民众富裕,能普济天下和使民众免遭疾病贫困之苦。孔子还曾说过:"弓调而后求劲焉,马服而后求良焉,士必悫而后求智能者焉。不悫而多能,譬之豺狼不可迩。"(《孔子家语·五仪解》)可见"德"在贤能之人标准中的首要地位,在"德"的基础上再要求其智能,无德却有智能者则如豺狼,为政者与百姓都不可靠近之。孔子关于"德"与"智能"关系的认识被宋代司马光所传承和阐发。司马光在《资治通鉴》中将"德"与"才"作了分别:"聪察强毅之谓才,正直中和之谓德。"对于"德"与"才"的关系,他阐释为:"才者,德之资也;德者,才之帅也。"所以他在《论选举状》中倡导:"取士之道,当以德行为先,其次经术,其次政事,其次艺能。"

儒家主张为政以德思想,在选人用才方面要求尚德任贤,其所彰显出来的用人智慧和为政智慧对我国传统政治实践的发展产生了深远的影响,为贤人政治传统的形成提供了用人选才的思想基础。从汉代的察举制到魏晋时期的九品中正制,再到隋唐以来的科举制,都强调德才兼备、以德为先,道德品行成为我国传统社会为政者选人施政的首要标准。"得贤者昌,失贤者亡","治国之道,务在举贤",正是基于对尚德任贤之必要性和重要性的认知,古代为政者积极招贤纳士以推行德政,进而造福百姓。

第一章
为政以德的丰富内涵与历史脉络

第三节　为政以德的历史脉络

为政以德是中华优秀传统文化的重要元素和内容，蕴含着丰富的理论内涵和思想智慧，在长期的历史演进中，不仅对我国古代的国家社会治理产生深刻影响，而且在中华文化与中华文明的发展中发挥着重要作用。

一、为政以德在中国传统社会的发展实践

为政以德思想发轫于周代，春秋时期由孔子正式提出，经过汉、唐、宋、明、清等历代政治家、思想家的不断丰富和积极推广，贯穿于官德建设、为政实践、家训教化、人生修养、学术研究等多方面，既造就了中国古代的国家治理结构，也对我国传统社会的伦理与政治生活产生了深远影响。

（一）为政以德在战国至秦汉时期的发展实践

在诸侯纷争的战国时期，孟子在孔子之"仁"的基础上，"以不忍人之心，行不忍人之政"（《孟子·公孙丑上》），进一步发展了孔

读懂为政以德

子为政以德的政治理想，提出在统一天下和治理天下的过程中要努力做到"以德服人"，"以力假仁者霸，霸必有大国；以德行仁者王，王不待大。汤以七十里，文王以百里。以力服人者，非心服也，力不赡也。以德服人者，中心悦而诚服也"（《孟子·公孙丑上》）。故孟子极力反对以严刑峻法来为政治国，而是倡导"省刑罚"，在社会生活中积极引导民众做到仁孝忠信，并提出"制民之产""取于民有制"等一系列仁政主张。然而，孟子的四心与不忍人之心是对孔子之"仁"的进一步内化，具有对现实世界的超越性，使孟子建基其上的为政以德追求具有明显的理想主义色彩。

到了战国末期，面对仁义不行与教化不成的社会现实，荀子批判继承孔孟思想，亦提倡以德治政，"君子以德，小人以力，力者德之役也"（《荀子·富国》）。提出"三威"之说："有道德之威者，有暴察之威者，有狂妄之威者""道德之威成乎安强，暴察之威成乎危弱，狂妄之威成乎灭亡也"（《荀子·强国》）。在荀子看来，为政治国不能仅依礼义，亦需要法刑，不能"教而不诛"，亦不能"不教而诛"，而是"以善至者待之以礼，以不善至者待之以刑……令行禁止，王者之事毕矣"（《荀子·王制》）。荀子不仅强调以礼义道德来教化人们，还主张"隆礼至法则国有常"（《荀子·君道》），重视法刑在社会秩序重构实践中的积极作用，从而建构"群居和一"的社会图景，进一步完善与发展儒家为政以德的政治理想，完成儒家为政以德思想从逻辑向历史、从理想向现实的一次重要转进。

有秦一代，法家思想被执政者作为为政治国的主要指导思想，

第一章
为政以德的丰富内涵与历史脉络

然而秦朝以法得天下，却未能实现以法守天下和治理天下的愿景。汉朝建立以来，在吸取秦代二世而亡历史教训的基础上，伴随政治家、思想家对儒家学说的倡导，汉武帝"罢黜百家，独尊儒术"。儒家学说被确立为治国理政之指导思想后，儒家为政以德的思想也随之迎来第一个大发展时期。

面对秦朝兴亡的历史事实，陆贾告诫汉高祖刘邦，守天下治天下与夺天下是不一样的，马上可以得天下，但不能马上治天下，"汤武逆取而以顺守之，文武并用，长久之术也"（《史记·陆贾列传》），使汉高祖刘邦明白"逆取"与"顺守"之间的不同。陆贾在《新语》中倡导偃武修文，以仁义为基础，以民为根本，相信为政以德可以"正上下之仪，明父子之礼，君臣之义，使强不凌弱，众不暴寡，弃贪鄙之心，兴清洁之行"（《新语·通基》），能够达致"强弱相扶，小大相怀，尊卑相承，雁行相随，不言而信，不怒而威"（《新语·至德》）的为政治国之理想境界。陆贾等儒家学者为政以德的思想，对汉初经济上轻徭薄赋、政治上与民休养的政策调整具有重要影响。

及至汉武帝时，董仲舒向汉武帝提议"罢黜百家，独尊儒术"，儒家为政以德思想逐渐成为治国理政的指导思想。董仲舒作《天人三策》《春秋繁露》上承《尚书》天命君德思想，以儒家德治观念为基础，综合儒、道、法、阴阳五行等传统政治观，构建起了"天命—政德—民心"的基本德政体系。董仲舒将阴阳五行学说运用到为政中，从天道运行规律的高度为德主刑辅的施政方式提供论

读懂为政以德

证,他说:"天道之大者在阴阳,阳为德,阴为刑,刑主杀而德主生""王者承天意以从事,故任德教而不任刑。刑者不可任以治世,犹阴之不可任以成岁也"(《汉书·董仲舒传》)。董仲舒将儒家所倡导的克己、复礼、明人伦等思想,系统化为"三纲五常"的为政教化之道,通过执政者的推动推广,在全社会构建起严密的教化体系。中央立太学,地方设庠序以培养与选拔人才,培养师者与贤人,为教化推行提供保障。同时发挥乡间德高望重者的作用,将道德教化渗透进国家社会生活的各方面,以保证"三纲五常"等伦理规范的推广。汉武帝时设立举孝廉选官制度,孝廉即"孝顺亲长、廉能正直",选择孝廉、茂才、贤良方正等道德素养很高之人来任官任事和教化百姓,改变了之前专任亲贵子弟的选官制度。

总体而言,汉代的执政者一方面重视发展文教事业,传播儒家学说和思想,使得老百姓的文化水平和道德境界不断提升;一方面推行礼义教化而慎用刑罚,体恤民生,务本力耕,置民恒产,为养民恒心、劝化民众创造物质条件。包括皇亲和基层循吏在内的汉代执政者通过多方面努力,用道德品行与入世精神践行儒家德政思想,以德为政、以德化民,提升百姓的精神文明修养,推动社会经济发展,营造社会尊儒崇文风尚,努力使孔子"庶之""富之""教之"的愿景走向现实,在中国传统社会掀起发展实践为政以德的历史高潮。

第一章
为政以德的丰富内涵与历史脉络

（二）为政以德在隋唐至宋元时期的发展实践

隋朝建立后，延续前朝人才选拔制度，对选拔对象的道德品行仍给予高度重视，开辟了"举贤良""荐举""九品官人法"等选拔官员的措施和机制。作为中国传统社会设科考试、举士任官的科举制度，在隋朝得到改造和确立，由于科举制度始终与儒家经典要义紧密相连，其不仅是影响中国传统社会治国理政人才选拔的制度机制，也成为儒家传播和发展为政以德思想的重要制度性载体。

到了唐代，面对隋朝二世而亡的历史教训，唐太宗认为"为国之道，必须抚之以仁义，示之以威信"（《贞观政要·仁义》），不能仅靠强硬手段治国，而是要把道德与法度结合起来，方能达到长治久安之目的。唐太宗在贞观元年总结历史治亡教训时说："朕看古来帝王，以仁义为治者，国祚延长，任法御人者，虽救弊于一时，败亡亦促。既见前王成事，足是元龟。今欲专以仁义、诚信为治，望革近代之浇薄也。"（《贞观政要·仁义》）二年，唐太宗又说："为国之道，必须抚之以仁义，示之以威信，因人之心，去其苛刻，不作异端，自然安静。"（《贞观政要·仁义》）为了能实现长治久安的愿景，唐代执政者非常重视礼乐教化，唐太宗、唐高宗、唐玄宗时期都制定了详细的礼乐规范与仪式。《新唐书·志第一·礼乐一》曾载："凡民之事，莫不一出于礼。由之以教其民为孝慈、友悌、忠信、仁义者，常不出于居处、动作、衣服、饮食之间。盖其朝夕从事者，无非乎此也。此所谓治出于一，而礼乐达天下，使天下安习而行之，不知所以迁善远罪而成俗也。"唐代对礼仪规范很是重视，

读懂为政以德

推动其制度化、常态化，在国家层面发挥教化作用，提高礼制的社会地位，推动儒家为政以德思想的发展及其影响力。此外，唐代充分利用科举制度，从中选拔有才和有德之人参与到为政治国的实践中，使科举士人在治国理政中发扬儒家精义，同时重视为政者的道德建设。武则天作《臣轨》，唐玄宗作《令长新戒》，唐德宗作《刑政箴》《君臣箴》，对为政者的道德修养和治理能力提出要求，为我国传统社会的官德建设奠定了基本框架。

宋代作为我国古代思想史上一个重要的思想争鸣与文化繁荣时期，儒家学说较以往历史时期受到了更多的重视，涌现了很多儒学大师，为政以德思想也随之创新与发展。朱熹从人心之视角对为政以德进行了阐释："'德'字从'心'者，以其得之于心也，如为孝是心中得这个孝，为仁是心中得这个仁"，"'为政以德'，不是欲以德去为政，亦不是块然全无所作为，但修德于己而人自感化"（《朱子语类·卷二十三》），"仁是根，恻隐是萌芽。亲亲、仁民、爱物，便是推广到枝叶处。"（《朱子语类·卷六》）朱熹的"仁心"表现在为政治国的政策上则是爱惜民力、敬德保民等措施。朱熹赞同孔子"庶之""富之""教之"的先富后教的理念，倡导给民以实惠，再教民以礼义，他说："庶而不富，则民生不遂，故制田里、薄赋敛以富之""富而不教，则近于禽兽。故必立学校、明礼义以教之。"[①]总体而言，宋代理学家对儒家为政以德思想的发展表现在两个突出的方面：其一，从《大学》中概括提炼出"三纲领八条目"的为政

[①] 朱熹：《四书章句集注》，中华书局2011年版，第135页。

第一章
为政以德的丰富内涵与历史脉络

治国模式，三纲领为"明德""亲民""止于至善"，八条目为"格物""致知""诚意""正心""修身""齐家""治国""平天下"。理学家们尤其看重君王的德行修养，希望以君王的修己以正、修身惠民来实现德政和天下大治。其二，发展以儒家典籍为本的书院讲习活动，重视家庭教化和乡约教化模式的构建与推广，整肃伦常、安定百姓，提高士人的社会参与意识，为修身齐家治国平天下的实现提供良好人文环境，促进国家社会的人文教化水准不断提升。

到了元代，执政者为了巩固政权，主动学习汉文化，发展儒家理学，完善以儒家理学为考试内容的科举制度，确立儒家理学在国家意识形态中的主导地位，从而为儒家为政以德思想的发展实践提供基础。忽必烈仿效汉族立国体制，建国号、颁章服、举朝仪、制历法、立官制，推进尊经崇儒之风，注意重用儒家士人，使儒家为政以德的思想逐渐渗透到执政者阶层中。发展到后期，元代执政者发展出一系列制度规约以延续儒家为政以德的传统。值得一提的是，元代延续与践行儒家为政以德思想的一个重要表现是重视书院的教化之功，执政者以书院为载体吸引儒家士人，以"四书五经"为教化内容，强调日常生活的感化与德行培养。书院的发展有效增强了儒家为政以德思想与实践的影响力传播力，对提升老百姓的思想道德素养起到促进作用，进而达致美化社会风俗、维护社会秩序之目的。

综而言之，随着科举制度的建立、巩固与完善，随着礼乐制度、理学研究、书院教化、家训教育、乡约教化的推广发展，儒家为政以德思想在隋唐至宋元时期不断得到发展、实践并逐渐兴盛。从宏观上看，良好的社会人文土壤和环境氛围基本形成，执政者能积极将儒家德治理念融入为政治国实践，老百姓能积极将儒家礼义精神融入自己安身立命的生活实践中，国家、社会、家庭、个人都积极融入儒家为政以德的文化时空与秩序框架中，不断实现崇德向善、秩序和谐的治理追求。

（三）为政以德在明清时期的发展实践

明代在前代的基础上进一步发展和实践儒家为政以德思想。其一，明代重用儒家士人，推行儒家的教化治国之策。朱元璋崇尚儒家的教化之功，把儒家教化视为治国理政的良策，他说："今天下初定，所急者衣食，所重者教化。衣食给而民生遂，教化行而习俗美。"（《明太祖宝训·卷一》）为进一步推广儒家德治理念，朱元璋诏告天下礼求儒学贤人参与到政治实践中，要求各地郡县立学，颁布"四书""五经"，恢复和完善科举制度。在朱元璋对儒家教化德治的重视和倡导影响下，明代中央设置国子监以作为弘扬德治教化之源，完善地方学校建制，将这些作为以德化民、教民从善的主要途径和方式。《明史·本纪第三·太祖三》称赞朱元璋的功绩："礼致耆儒，考礼定乐，昭揭经义，尊崇正学，加恩胜国，澄清吏治，修人纪，崇风教，正后宫名义……武定祸乱，文治太平，太祖实身兼之。"

其二，乡约教化的推广和创新有力助推儒家为政以德思想在明

第一章
为政以德的丰富内涵与历史脉络

代社会的传播、渗透与功用发挥。推广乡约教化的过程也是践行儒家为政以德思想，以道德教化来导民向善，建构社会良好秩序的过程。明英宗正统年间到明武宗正德年间，地方各地逐步兴起和推广乡约教化。明代乡约教化较前代依靠民间力量推动有了突破，得到政府的鼓励和支持，成为执政者弘扬儒家为政以德传统，维护地方社会秩序和提升民众道德文化素质的有力方式；执政者也利用地方官员与地方士绅的力量，将此方式打造成一个具有官民共治特色的基层自治模式。这里需要提及明代地方士绅群体在教化实践中的积极作用。地方士绅群体是乡约教化的主体力量，他们往往熟读经书，怀有修齐治平之志向，承担"劝善惩恶、兴礼恤患、以厚风俗"之责，依托自身的道德品行和在民众中的名望，正己正人，在日常乡间生活实践中将儒家的礼义规范渗透至百姓的生活世界中。这"实际上就会将'文明'的观念与规则，从城市推向乡村，从上层移至下层，从中心扩至边缘"①，使乡约教化成为执政者以德施政方式的重要补充和组成部分。

其三，以阳明心学为代表的明代儒学理论之发展助推儒家为政以德思想的丰富。作为明代儒家学说的主要代表人物，王阳明创建了心学体系，修正程朱理学发展过程中的弊端，倡导系列德政教化理论和推行乡约教化实践，提升了当时社会的文明水准，也推动了儒家为政以德思想的丰富和发展。为了论证道德教化的重要性和必要性，王阳明提出"致良知"说，他在《传习录》中说道："扶持匡

---

① 葛兆光：《中国思想史》第 2 卷，复旦大学出版社 2001 年版，第 271 页。

翼，共明良知之学于天下，使天下之人皆知自致其良知，以相安相养，去其自私自利之蔽，一洗逸妒胜忿之习，以济于大同"，他以"为生民立命"的担当呼唤民众"致良知"。王阳明的"致良知"是一种心性修养功夫，注重外在环境与内在精神的互动，强调"知行合一"，为此他还积极推广乡约教化实践。王阳明以其心学体系为理论基础，在南赣地区构建起了以《南赣乡约》为核心内容的乡约教化模式。《南赣乡约》有曰："自今凡尔同约之民，皆宜孝尔父母，敬尔兄长，教训尔子孙，和顺尔乡里。死丧相助，患难相恤，善相劝勉，恶相告戒，息讼罢争，讲信修睦，务为良善之民，共成仁厚之俗。"王阳明的乡约教化使儒家学说的精神要义落实于民众的日常生活之中，培养良善之民，培育"俗尚朴淳，事简民怡"（《南安府志》）社会景象，因其体现了执政者为政以德的导向而获得了当时中央政府的肯定和支持。

清代执政者承接和发展前代制度，持续强化对儒家为政以德思想的倡导，构建起系统的文教制度以正人心和厚风俗。顺治曾上谕礼部曰："朕惟帝王敷治，文教是先；臣子致君，经术为本……今天下渐定，朕将兴文教、崇经术，以开太平。尔部即传谕直省学臣，训督士子，凡六经诸史，有关于道德经济者，必务研求贯通，明体达用。处则为真儒，出则为循吏。果有此等实学，朕当不次简拔，重加任用。又念先贤之训，仕优则学。仍传谕内外大小各官，政事之暇，亦须留心学问，俾德业日修，识见益广，佐朕右文之治。"（《世祖章皇帝圣训·卷五》）康熙执政期间更为重视以德化民的治国理念,他说:"治天下者,莫亟于正人心,厚风俗,其道在尚教化以先之。学校者,教化所从出,将以纳民于轨物者也……故曰:教隆于上,化成于下。教不明于上,而欲化成于下,犹却行而求前也。教化者为治之本,学校者教化之原。欲敦隆教化而兴起学校者,其道安在?在务其本而不求其末,尚其实而不务其华。以内行为先,不汲汲于声誉。以经术为要,不屑屑于文辞。如是则于圣人化民成俗之道,庶乎其有当也夫?"(《圣祖仁皇帝御制文·卷十七》)康熙还大力推广"圣谕教化"的制度,对老百姓进行道德教化从而达到化民成俗、构筑崇善社会风尚的为政目标。康熙《圣谕十六条》宣扬儒家孝悌忠信、明礼厚俗等基本精神,教导民众要重视宗法关系和遵循孝悌规范以建构良好的人际和伦常关系,要明礼治、崇法度以远离愚昧顽钝而使社会风气厚实,要罢黜异端、敬重正学以务实本业和增长民志,圣谕教化的目的在于运用儒家礼义规范来导民从善,建构良好的社会习俗和政治秩序,实现国家政治与伦理道德的良性互动。

儒家为政以德思想在明清时期的发展,不管是内容含义还是实践形式,都较前代有了丰富和创新,各项治理制度和教化制度不断完善,教化活动与载体愈发多样,为儒家义理精神渗透进百姓生活和贯彻到国家社会秩序的各方面提供了保证,使为政以德的德治传统在古代社会的发展达到了高峰。

二、为政以德思想的历史贡献

为政以德是中华优秀传统文化的重要元素和内容，蕴含着以民为本的价值导向、正己修身的为政立场、礼乐教化的德治追求、德主刑辅的施政途径、任德尚贤的用人智慧等，其起源于远古、由儒家孔子正式提出，历经几千年的历史发展演进，为我国古代社会治理提供了指导思想，在中华文化与中华文明的发展中发挥着重要作用，塑造着中华文化与中华文明的突出特性，使中华文化与中华文明具有了不同于世界其他文化和文明的独特蕴涵。

第一，推崇"人"与人文精神。在夏商时期，人世的祸福化变和政治秩序更迭受到"帝"与"天"的支配，"人"的主体性被遮蔽。到了周代，面对"帝"与"天"的神秘性及其带来的社会问题，中华先人由对"帝""天"的敬惧转为对"德"的追求，开始关注人自身的现实努力，"天"逐渐化变为自然之天和道德之天。进入春秋战国时期，儒家提出为政以德和"人能弘道，非道弘人"的理念，以"仁"来阐发"人"，强调人可以通过接受礼乐教化和践行仁爱来成为合乎天命人道的道德主体和构建社会政治秩序。对"人"的推崇使中华民族始终基于"人"的标准来认知与改造世界，以"人"的尺度来构建社会秩序和政治文明，人文关怀成为中华政治文明的重要特质。

第二，突显道德自觉与伦理本位。为政以德强调人的现实努力，认为人可以通过自觉的道德践履来摆脱蒙昧状态而形成德性人

第一章
为政以德的丰富内涵与历史脉络

格,并在此基础上推己及人,构建人伦秩序和社会结构。为政以德对"人"的发现与推崇,不是对人的理性或欲望的某一方面之觉醒,而是对人之整体道德意识的觉醒。道德是为政以德的根基,中华民族在为政以德实践中形成了礼乐仁义、孝悌忠信的道德准则和规范,个体在自觉认同和践履道德规范的过程中形塑自身的德性人格。为政以德以道德自觉为基础,强调人在群体生活中明确自身的角色和承担相应的责任义务,从而构建起自身与家、国、天下的关系,使得中华文化与中华文明具有伦理本位的特质。道德自觉与伦理本位的融合使为政以德不仅强调人之"成己",更要在齐家、治国、平天下的实践中实现个人的价值,这不仅塑造了中国人整体性的思维方式,也培育了中国人独特的天下观、社会观、道德观。

第三,崇尚和谐整体与德性实践。为政以德对人文精神和道德伦理的推重,使其在形成与发展的过程中内在必然地追求和谐与崇尚德性实践。为政以德立足人文与道德基础,从伦理关系出发来认知和形塑人与自身、人与社会的和谐秩序,形成独特的家国一体的文化传统和文明意识。这种追求整体和谐的文化传统和文明意识,使具有多样地理与文化样貌的早期中国能在不同区域文明要素的互动融合中,形成"天下文明"的共同体模式和中华民族多元一体演进格局。追求和谐价值的为政以德,在个人修养中强调"正己修身",在社会治理中强调"道之以德,齐之以礼"与"群居和一",形成不同于工具理性和"以力服人"的德性实践传统。

第二章

马克思主义理论与为政以德的契合性

第二章
马克思主义理论与为政以德的契合性

习近平总书记在党的二十大报告中指出:"坚持和发展马克思主义,必须同中华优秀传统文化相结合。只有植根本国、本民族历史文化沃土,马克思主义真理之树才能根深叶茂。中华优秀传统文化源远流长、博大精深,是中华文明的智慧结晶,其中蕴含的天下为公、民为邦本、为政以德、革故鼎新、任人唯贤、天人合一、自强不息、厚德载物、讲信修睦、亲仁善邻等,是中国人民在长期生产生活中积累的宇宙观、天下观、社会观、道德观的重要体现,同科学社会主义价值观主张具有高度契合性。"①

在几千年的政治实践发展中,中华民族形成了关于国家治理的为政以德思想,其中蕴含着民为邦本的民本理念、选贤与能的用人原则、以德化人的德治主张、天下为公的大同理想等等,与马克思主义的人民立场、选人用人导向、社会治理理论、共产主义理想具有内在的契合之处。相互契合才能有机结合,正是在这个意义上,中国共产党既是马克思主义的坚定信仰者和践行者,又是中华优秀传统文化的忠实继承者和弘扬者。

中国共产党人坚持把马克思主义基本原理同中国具体实际相结

---

① 习近平:《高举中国特色社会主义伟大旗帜 为全面建设社会主义现代化国家而团结奋斗——在中国共产党第二十次全国代表大会上的报告》,人民出版社2022年版,第18页。

合、同中华优秀传统文化相结合,根据党在不同历史时期面对的不同形势和任务,立足中国传统和国情,用马克思主义激活中华优秀传统文化中为政以德思想的优秀因子并注入新的时代内涵,使其具有时代生命力。

第二章
马克思主义理论与为政以德的契合性

第一节　马克思主义的人民立场与为政以德的民本理念相契合

孔子在《论语·为政》中提出："为政以德，譬如北辰，居其所而众星共之。"在这里，孔子把为政者比喻为北辰，把人民大众比喻为拱卫北辰的众星，认为治理国家天下如要像天上北辰居其所而受群星拱卫那般得到人民百姓的诚心拥戴，为政者就要正己修德、推行德政以及爱民安民。孔子和儒家主张为政以德，意在以"政者正也"的政德基础，推行"道之以德"的为政治国之道，从而达致"修己以安百姓"的德政目标。"修己以安百姓"是君子修身的理想和追求，也是儒家为政以德的目标要求，体现出仁政爱民的政治思想。为了达到"安百姓"的目标，孔子提出"庶之""富之""教之"的安民三部曲，这也是为政以德所追求的德政理想。在这里，德政即有仁德的为政治国方略和措施，其本质体现为讲仁爱、重百姓的民本理念。以民为本是儒家推行德政的价值基础，也是儒家为政以德的要求和本质，强调百姓是国家与为政之本，百姓对国家的兴衰存亡起着根本性的作用，为我国古代为政者在治国理政过程中如何看待和处理其与老百姓的关系问题提供了价值导向与思想智慧，对我国的政治实践发展产生了深远影响。

马克思主义肯定人民群众的历史作用，尊重人民群众的主体地位，为人民群众谋解放和谋幸福，人民立场是马克思主义政党的根本立场。马克思、恩格斯认为人民群众是历史的创造者，在人类社会的变革和历史的发展过程中起着决定性的作用。他们在《神圣家族》中指出："历史活动是群众的活动，随着历史活动的深入，必将是群众队伍的扩大。"① 在马克思、恩格斯看来，人民群众既是社会物质财富的创造者，为人类社会的存在与发展提供了物质基础，又是社会变革和历史发展的决定性力量，正是人民群众在革命实践中凸显出的坚韧不拔、团结一致、勇于斗争、敢于牺牲的独特精神和优秀品质，才使革命实践活动不断取得胜利，推翻不平等的、剥削人的旧制度，建立体现人的价值和实现人的自由全面发展的新制度。

马克思、恩格斯在探析人类社会未来发展方向和规律中阐述和肯定了人民群众的主体地位。马克思、恩格斯认为人类社会将朝着社会主义、共产主义的方向和趋势发展，而在这个历史发展过程中发挥主体性、创造性作用的正是人民群众。他们在《共产党宣言》中指出："过去的一切运动都是少数人的，或者为少数人谋利益的运动。无产阶级的运动是绝大多数人的，为绝大多数人谋利益的独立的运动。"②"无产阶级的运动""为绝大多数人谋利益"体现的正是人民群众在打破财产私有和阶级对立的旧制度、建立生产资料公

---

① 《马克思恩格斯文集》第1卷，人民出版社2009年版，第287页。
② 《马克思恩格斯文集》第2卷，人民出版社2009年版，第42页。

第二章
马克思主义理论与为政以德的契合性

有制和每个人都能实现充分发展的社会主义、共产主义新制度中的作用。

儒家为政以德的民本理念与马克思主义的人民立场具有内在的契合之处。马克思主义肯定人民群众的历史作用与主体地位,认为人民是历史进步的真正动力,群众是真正的英雄,把为人民群众谋解放和谋幸福作为马克思主义的使命,充分体现了马克思主义的人民立场。马克思、恩格斯还在探析人类社会未来发展方向和规律中肯定人民群众的主体地位,认为人民群众将在无产阶级政党的领导下,充分释放和发挥其主体性、创造性的力量,推动人类社会制度朝着实现人的解放和自由全面发展的方向变革前进。列宁也认为人民群众是决定历史结局的最终力量,强调国家公职人员来源于人民,是人民的公仆,在根本利益上与人民群众保持一致,要坚决反对特权与官僚主义。

中国共产党人接受马克思主义的群众史观,将马克思主义的群众史观与中华优秀传统文化中为政以德的民本理念相结合,创造性地把传统民本思想改造成为马克思主义的人民群众观点,确立了人民主体地位与人民至上的原则。毛泽东基于马克思主义的群众史观,在带领中国人民进行反帝反封建的革命实践中,基于革命的性质与目标,创造性地提出"为人民服务"的思想命题和宗旨。在改革开放和社会主义现代化建设实践中,邓小平强调"群众是我们力量的源泉,群众路线和群众观点是我们的传家宝"[1],提出改革开放和社

---

[1]《邓小平文选》第 2 卷,人民出版社 1994 年版,第 368 页。

读懂为政以德

主义现代化建设说到底是人民的实践，党和政府要尊重人民群众的意愿，尊重和激发人民群众的首创精神。进入新世纪，江泽民强调"全心全意为人民服务，立党为公，执政为民，是我们党同一切剥削阶级政党的根本区别"[1]，要求党始终做到权为民所用、情为民所系、利为民所谋。胡锦涛把党"为人民服务"的宗旨落实到"实现什么样的发展"以及"怎样实现发展"的问题上，提出"以人为本"的科学发展观，强调"只有我们把群众放在心上，群众才会把我们放在心上"[2]，把实现最广大人民的根本利益作为中国特色社会主义事业建设的根本目的。

进入新时代，习近平总书记把马克思主义群众史观与我国为政以德传统中的爱民、安民、富民理念相结合，形成以人民为中心的发展思想，强调人民至上的根本立场，赋予传统民本理念新的时代内涵。习近平总书记把人民对美好生活的向往作为中国共产党治国理政的价值追求，提出民心是最大的政治，"江山就是人民，人民就是江山，打江山、守江山，守的是人民的心"[3]，把人民拥护不拥护、赞成不赞成、高兴不高兴、答应不答应作为衡量一切工作得失的根本标准，"把人民对美好生活的向往作为奋斗目标，依靠人民创造历

---

[1]《江泽民文选》第3卷，人民出版社2006年版，第279页。
[2]《胡锦涛文选》第3卷，人民出版社2016年版，第532页。
[3] 习近平：《在庆祝中国共产党成立100周年大会上的讲话》，人民出版社2021年版，第11页。

史伟业"①。他强调人民立场是马克思主义政党的根本政治立场,要把以人民为中心的发展思想贯彻到治国理政全部活动中,"以人民忧乐为忧乐、以人民甘苦为甘苦","怀着强烈的忧民、爱民、为民、惠民之心,察民情、接地气,倾听群众呼声,反映群众诉求"。②这充分彰显了新时代中国共产党人民至上的执政理念和价值取向,深化了马克思主义群众史观的价值立场与中华优秀传统文化中为政以德民本理念的对话和结合。

---

① 习近平:《决胜全面建成小康社会 夺取新时代中国特色社会主义伟大胜利——在中国共产党第十九次全国代表大会上的报告》,人民出版社2017年版,第21页。
② 《习近平谈治国理政》第2卷,外文出版社2017年版,第189页。

第二节 马克思主义德才兼备的选人用人标准与为政以德的选贤举能原则相契合

中华优秀传统文化中的为政以德思想重视"人"在政治实践中的德行及其作用发挥，注重通过为政者的正己修身来发挥对民众的表率作用，凸显出为政为民的价值导向。这决定了为政以德对为政者主体素养的重视和强调，要求为政者通过提升自身的道德修养来达致自上而下的伦理表率效果。孔子曾观察三代的政治得失，反思"人"的因素在治国理政中的作用，提出"为政在人"的观念，强调为政者要正己修身、做好表率。孔子把为政以德的基础和着力点放在对为政者的德行要求上，认为为政者只有做到"正己"，即涵养自身的道德品格和道德行为，才能实现"正人"，才能以其道德表率来影响民众的行为方式和道德素养，进而提升整个国家社会的精神风尚和道德境界。孔子不仅提出"为政在人"，还强调"政在选臣"（《史记·孔子世家》）。"政在选臣"侧重于选拔贤德之人，是对"为政在人"理念的进一步拓展，也是为政以德的内在要求。为政者要想获得民众的拥戴、实现德政善治，就要选贤任能，举用正直贤能之人。"选贤任能"既是为政者的伦理职责，也是保证德政实施的必

第二章
马克思主义理论与为政以德的契合性

要方式，只有德才兼具的正人君子和贤德之人在其职位上，才能更好实现治平天下和保民安民的德政。为政以德在选人用才方面要求尚德任贤，其所彰显出来的用人智慧和为政智慧对我国传统政治实践的发展产生了深远的影响，从汉代的察举制到魏晋时期的九品中正制，再到隋唐以来的科举制，都强调德才兼备、以德为先，道德品行成为我国传统社会为政者选人施政的首要标准。

德才兼备、以德为先，不仅是中华优秀传统文化中为政以德的选贤举能原则，也是马克思主义群众史观的内在要求和马克思主义政党在政治实践中的选人用人准则。马克思、恩格斯称赞巴黎公社是"工人阶级自己的政府"，是人民的政权，是"帝国的直接对立物"，人民是公社的主人，而公社官员则是"人民公仆"和"人民的勤务员"。马克思在总结巴黎公社的无产阶级专政的革命实践时提出了人民勤务员的理念，他指出："以随时可以罢免的勤务员来代替骑在人民头上作威作福的老爷们，以真正的责任制来代替虚伪的责任制，因为这些勤务员总是在公众监督之下进行工作的。"[①] 在《法兰西内战》及其导言中，马克思、恩格斯基于巴黎公社的历史尝试和历程，提出了人民公仆的理念及基本原则：普选公职；人民享有监督权和罢免权；废除特权；公职人员的工资相当于熟练工人的工资。[②] 人民公仆理念的提出自然指向反对特权，对共产党人的修养提出了更高的要求。马克思、恩格斯曾说过共产党人从不隐瞒自己的政治观点

---

① 《马克思恩格斯选集》第3卷，人民出版社2012年版，第141页。
② 《马克思恩格斯选集》第3卷，人民出版社2012年版，第167页。

和意图，不夹带任何私利，共产党人除了人民的根本利益，没有自身的特殊利益。这种道德要求使得作为无产阶级一分子的共产党人超越个人利益和目前利益的狭隘性，在国家政治实践和事务管理中全心全意为无产阶级与人民大众服务，尽到国家公仆和人民公仆的责任义务。人民公仆理念的提出对共产党人的修养提出了更高的要求，要求共产党人在国家政治实践和事务管理中全心全意为无产阶级与人民大众服务，尽到国家公仆和人民公仆的责任义务。列宁认为共产党人特别是党员干部应该德才兼备，要有人民情怀，关注人民的需求、读懂人民的想法，不断提升自身的政治和道德素养，锻炼自己为人民服务的管理才干，以良好的作风赢得人民群众的拥戴。

列宁认为共产党人特别是党员干部应该德才兼备，要不断提升自身的道德修养，锻炼自己为人民服务的管理才干，以良好的作风赢得人民群众的拥戴。列宁要求共产党人特别是党员干部要有人民情怀，能够了解和体贴人民，在生活实践和工作实践中与人民群众打成一片。共产党人还要在实践中向先进范例学习，以党员标准严格要求自身，培养自己不屈不挠、敢于牺牲的精神品质，在生活与工作实践中发挥先锋榜样作用。列宁要求共产党人加强学习，提高政治和道德素养，发挥理性与良心对人的行动的积极影响，以良好的政治素质来抵御官僚主义和贪污腐败的侵蚀。共产党人还要通过加强学习来提升自身的理论素养与道德境界，能够在人民群众中进行思想文化宣传和生动活泼的思想教育，提高工人阶级的思想道德觉悟。此外，列宁还强调共产党人要在与工农群众的共同劳动中修

第二章
马克思主义理论与为政以德的契合性

炼自己的党性，推行"共产主义星期六义务劳动"，通过劳动实践来培育共产党人的政治忠诚和道德品质，以克服官僚主义等不良习气对党员队伍的侵蚀。

中国共产党把马克思主义的人民公仆理念、对党员干部的德才素养要求和中国传统为政以德的选贤举能原则相结合，始终把选人用人作为关系党和人民事业的关键性、根本性问题来对待，形成和坚持"德才兼备、以德为先"的选人用人导向。毛泽东强调共产党员在各级政府中应该成为坚决勇敢、刻苦耐劳、急公好义、礼义廉耻的模范，他提倡"任人唯贤"，把能否坚定落实党的路线方针、服从党的纪律作为党选拔和任用干部的重要标准。在中国特色社会主义新时代，习近平总书记从政治上靠得住、工作上有本事、作风上过得硬、人民群众信得过等维度提出好干部的标准并阐释其时代内涵，指出"好干部的标准，大的方面说，就是德才兼备"[①]。在党的二十大报告中，习近平总书记进一步强调："坚持党管干部原则，坚持德才兼备、以德为先、五湖四海、任人唯贤，把新时代好干部标准落到实处。树立选人用人正确导向，选拔忠诚干净担当的高素质专业化干部，选优配强各级领导班子。"[②]这充分体现了中国共产党对马克思主义德才兼备的用人要求，和中华优秀传统文化中为政以德的任德尚贤用人智慧的传承发展。

---

① 《习近平谈治国理政》第 1 卷，外文出版社 2018 年版，第 412 页。
② 习近平：《高举中国特色社会主义伟大旗帜　为全面建设社会主义现代化国家而团结奋斗——在中国共产党第二十次全国代表大会上的报告》，人民出版社 2022 年版，第 66 页。

第三节　马克思主义的社会治理理论与为政以德的德治追求相契合

　　中华优秀传统文化中的为政以德思想旨在通过"礼"和"德"来治理国家，从而取得如众星拱卫北辰般的德政效果，体现出儒家以内在化的道德教化为基本导向的治理之道。在以孔子为代表的儒家治理理念中，"德"居于核心的地位，认为"道之以德"是理想的为政治国方略，与之相适应的国家和社会治理方式是礼乐教化，只有以礼和德来教化民众，才能使民众心悦诚服，取得良好的治理效果。一方面，为政者要想治理好国家，就应首先做到立德修身，涵养个人的道德人格和品行，然后在民众中推行道德教化，发挥自上而下的伦理表率作用，不断提升民众的道德水准和行为修养，国家自然会秩序井然，进而实现长治久安。另一方面，"道之以德"的内在化道德教化也离不开"齐之以礼"的外部调节。孔子所言之"礼"即"周礼"，其起源于祭祀的程序法式，后来在历史发展中逐渐演变为古代治国理政所需要遵循的政治制度和个体行为规范。"礼，经国家，定社稷，序人民，利后嗣者也。"（《左传·隐公十一年》）儒家崇尚"道之以德，齐之以礼"的德治之道，认为"政刑能使民远罪

第二章 马克思主义理论与为政以德的契合性

而已,德礼之效,则有以使民日迁善而不自知"①,以礼乐教化来保证德政的实施和以德化人之效的实现,从而形成了我国礼乐教化的德治传统。

在我国为政以德的德治传统中,礼乐教化具有凝聚社会价值共识、统一人们社会行为的重要功能,是培养人的道德品格与构建有序社会秩序的重要途径。礼乐教化作为一种德治方式,其化人途径在于将礼乐道德以潜移默化的方式触动人的情感世界、渗入人的生命存在中,旨在将礼乐道德规范转化为人的道德品行和社会的秩序框架,使人与社会进达"群居和一"(《荀子·荣辱》)的有序之境。从社会治理的视角看,礼乐教化是一种化民成俗的治理举措,是为政者以礼乐文化传统和制度规范营造良好的社会文化环境,使生活在其中的民众禀受共同的社会准则,尊崇与习成礼俗伦常,各载其事、各尽其能、各得其宜,从而构建出理想的秩序社会。

中华优秀传统文化中的为政以德思想立足民本理念,重视道德在国家社会治理中的作用,通过礼乐教化来达致秩序建构和化民成俗的德治理想,在社会性、人民性、价值性等方面与马克思主义的社会治理理论存有契合之处。马克思主义社会治理理论坚持历史唯物主义的基本立场,从"现实的个人"出发,根植现实社会,从代表社会生产力发展方向的劳动者来揭示社会治理的主体,认为人民群众是社会治理的真正主体力量,超越了西方纯粹工具理性导致单向度物质文明和维护资本利益的社会治理价值偏差,实现了"人"

---

① 朱熹:《四书章句集注》,中华书局 2011 年版,第 55 页。

的价值理性的复归。马克思主义社会治理理论从生产发展推动社会结构的变革及其治理方式的发展,来指出社会治理遵循的社会发展基本规律,以科学的态度寻求社会治理的科学方法与科学原则,提出社会治理的目标规划、政策制定、主体选择要契合人民群众的需要与愿景,坚持共建共治共享,建设社会治理共同体,凝聚社会治理价值共识,从而实现了社会治理的科学性与价值性的内在统一。

马克思、恩格斯在对巴黎公社革命实践的总结中,阐述了他们关于无产阶级政党宗旨和使命的思想。无产阶级政党道德发展的重要条件是建立以公有制为基础的无产阶级政权,而巴黎公社正是无产阶级专政的一次历史尝试。无产阶级在巴黎公社的政权建设中废除了常备军,破除了贪婪自私的资产阶级官僚,建立起人民武装力量和作为社会公仆的公职人员机构,节省军队和政府开支,建设真正为人民大众服务的政府。马克思、恩格斯认为,无产阶级在与资产阶级的抗争中形成的勤劳诚实、大公无私、敢于斗争、团结互助的道德精神和品质,代表着人类道德与社会进步的希望和方向,建立社会主义、共产主义只有依靠无产阶级及其形成的政党带领广大人民群众才能实现。共产党是无产阶级中起着进步和推动作用的重要部分,无产阶级道德随着历史使命和身份角色的转化而成为无产阶级政党道德。

马克思、恩格斯在科学共产主义的第一个纲领性文献《共产党宣言》中科学分析了人类历史的发展规律,提出了无产阶级及其政党的性质、宗旨和使命,对无产阶级政党在公有制经济建设、国家

第二章
马克思主义理论与为政以德的契合性

建设治理、推动社会主义由初级向高级发展过程中的任务作出要求,为无产阶级政党的政治理想实现和政治道德建设提供方向指南。恩格斯指出:"共产党人不是同其他工人政党相对立的特殊政党。他们没有任何同整个无产阶级的利益不同的利益。他们不提出任何特殊的原则,用以塑造无产阶级的运动。"[1]恩格斯还曾说过:"革命者是自我献身的人。他没有自己的利益、自己的事务、自己的感情、自己的财产,甚至没有自己的名字。他的一切都融汇在唯一仅有的利益、唯一的思想、唯一的激情——革命之中。"[2]共产党人从不隐瞒自己的政治观点和意图,在革命实践中推翻旧的社会制度,建立社会主义、共产主义社会制度,为每个人的自由全面发展创造条件,"完成这一解放世界的事业,是现代无产阶级的历史使命"[3],也是无产阶级政党和无产阶级革命的任务与宗旨。要实现这一宗旨和使命,无产阶级政党要重视在革命和建设实践中对群众的思想道德教育,重视宣传教育与革命实践的思想塑造作用,培养具有新的思想觉悟和道德意识的社会主义、共产主义新人。马克思很早就提到了思想理论的实践倾向与对人民大众的精神塑造,他指出:"理论一经掌握群众,也会变成物质力量。理论只要说服人,就能掌握群众;而理论只要彻底,就能说服人。"[4]因此,马克思、恩格斯指出无产阶级政党

---

[1]《马克思恩格斯选集》第4卷,人民出版社2012年版,第277页。
[2]《马克思恩格斯全集》第18卷,人民出版社1964年版,第472页。
[3]《马克思恩格斯选集》第3卷,人民出版社2012年版,第817页。
[4]《马克思恩格斯文集》第1卷,人民出版社2009年版,第11页。

的思想道德教育须立场坚定和旗帜鲜明，要有"不屑于隐瞒自己的观点和意图"①的彻底的革命性，以科学的思想理论武装无产阶级政党和人民大众，使无产阶级政党成为建设社会主义、共产主义和为人民服务的先进政党，使人民大众成为具有新的思想道德觉悟的社会主义、共产主义新人。

由此可见，马克思主义的社会治理理论具有历史唯物主义的社会性，从现实的个人和现实的社会生产关系、伦理关系来揭示社会治理的内在规律，而社会性也是中国为政以德德治传统的内在特点。社会现实的伦理道德关系是中国为政以德德治传统的逻辑出发点，为政以德德治理论与实践始终围绕着如何制定系统的伦理道德规范来建构和维持社会的关系秩序，其蕴含的实践品格、现实情怀与马克思主义社会治理理论的社会性相契合。

马克思主义社会治理理论具有鲜明的人民性，与中国为政以德德治传统的民本理念具有相通性。马克思主义社会治理理论与中国为政以德德治传统，都致力于把人民的希望变成生活的现实，让人民群众在现实的社会生活实践中有获得感、幸福感、安全感，都采取了重民、安民、恤民、亲民、爱民等一系列措施，都认为民心向背影响和决定着执政的合法性与合理性，蕴含着丰富的政治智慧与政治理性，体现出鲜明的人文主义精神。

马克思主义社会治理理论具有鲜明的价值理性，重视伦理道德在社会发展中的作用，反对道德虚无主义，揭示个人价值与社会道

---

① 《马克思恩格斯文集》第 2 卷，人民出版社 2009 年版，第 66 页。

第二章
马克思主义理论与为政以德的契合性

德之间的辩证关系,与中国为政以德德治传统对道德的重视具有内在相通之处。在马克思主义社会治理理论中,社会性是人的本质属性,处在现实社会关系中的每一个个体理应为自身所处社会的发展注入积极的道德力量,这也是一名合格"社会人"所应具有的道德理性与道德自觉。

马克思主义社会治理理论关注人的发展与完善,致力于把握和实现人与人、人与社会集体之间的利益统一性,认为"在共产主义社会里,人和人的利益并不是彼此对立的,而是一致的,因而竞争就消失了"[①],共同利益的一致,无序竞争的消失,生活的改善与社会的和谐,使得共产主义道德代替法律等具有暴力性质和强制性质的规范成为社会秩序与政治秩序的主要调节方式,且为人民群众广泛接受与自觉践行,这与中国为政以德德治传统对道德的重视有着内在的契合性。

---

① 《马克思恩格斯全集》第 2 卷,人民出版社 1957 年版,第 605 页。

第四节　马克思主义的共产主义理想与为政以德的大同理想相契合

儒家的为政以德思想具有积极的治世精神与情怀，追求民心和顺、政治通达，致力于构建一个理想社会，这个理想社会体现为《礼记·礼运》中描述的"大同"。《礼记·礼运》记载了孔子对"大同"的阐释："大道之行也，天下为公，选贤与能，讲信修睦。故人不独亲其亲，不独子其子，使老有所终，壮有所用，幼有所长，鳏寡孤独废疾者皆有所养，男有分，女有归。货恶其弃于地也，不必藏于己；力恶其不出于身也，不必为己。是故谋闭而不兴，盗窃乱贼而不作，故外户而不闭。是谓大同。"在孔子的思想视野中，大同社会的理想状态不在于生产力的高度发达或物质的极度富足，而在于整个社会能在人伦道德的作用下实现人与人之间的友善互动和彼此关怀，呈现出道德和精神的高度丰盈，体现出天下为公的内在特征。

大同社会是中华优秀传统文化中为政以德思想的理想与追求，其与马克思主义的共产主义理想，虽在历史背景和生产力水平方面有差异，但在追求和构建理想社会的多个理念方面存在契合之处。

第二章
马克思主义理论与为政以德的契合性

共产主义是人类崇高的社会理想，马克思恩格斯对之作出了总体性的描绘：生产力高度发展，物质财富极大丰富，人们的精神境界极大提高；社会成员共同占有全部生产资料，各尽所能，按需分配，彻底消灭剥削、消除两极分化；国家、阶级消亡；从必然王国走向自由王国，实现人的自由而全面的发展。在马克思主义看来，人类的公平正义将在未来的共产主义社会制度中得到充分的实现，在那里，人们可以自由自主地劳动，可以"随自己的兴趣今天干这事，明天干那事，上午打猎，下午捕鱼，傍晚从事畜牧，晚饭后从事批判"。[1] 人的自由而全面的发展得到了最充分的呈现。马克思主义的共产主义理想涵盖了物质与精神、个人与社会、生产力与生产关系、经济基础与上层建筑等各个方面，是对理想社会状态的科学预测，寄托了人类对美好未来的憧憬与向往。为政以德蕴含着天下为公的大同社会理想，为中国人接受马克思主义的社会主义、共产主义提供了思想理论铺垫。大同社会理想具有如下几个特点：一是无私，推崇推己及人和己所不欲勿施于人的道德准则，个体不被自我私欲所束缚，而是怀有大公之心，修身行道；二是人人平等，无贵贱之分，以"选贤与能"为原则，推举贤者和能者为民众办事，社会成员之间讲信修睦，诚实不欺；三是各载其事，各尽其能，各得其宜，人人劳动，没有不劳而获者，反对剥削与压迫，这与建立在历史唯物主义基础上的共产主义社会理想具有契合之处；四是重视整体，在面对和处理群己关系时强调"群"的重要性，认为个体离

---

[1]《马克思恩格斯选集》第1卷，人民出版社2012年版，第165页。

读懂为政以德

不开群体，个体在正身修己的同时更应兼济天下，这与马克思主义的共产主义理想所倡导的集体主义原则具有契合性。

马克思主义的共产主义理想与为政以德的大同理想的契合性还表现在人类命运共同体理念的提出。马克思主义以物质生产实践为基础，分析了世界各国与各民族从孤立分散的地域性民族历史状态走向普遍交往、相互影响的世界历史状态的进程，指出世界各国与各民族将不断形成一个整体，并相信未来社会"将是这样一个联合体，在那里，每个人的自由发展是一切人的自由发展的条件"。[①] 构建人类命运共同体是从中华优秀传统文化的中国智慧和马克思主义世界历史理论和共产主义理想中提炼出的，是具有深厚历史文化与思想理论底蕴的、面对当代全球发展需要的重大命题，是吸收为政以德的天下为公理想精神和马克思主义"真正的共同体"思想精华的新时代表达。2013年，习近平主席在莫斯科国际关系学院的演讲中指出："各国相互联系、相互依存的程度空前加深，人类生活在同一个地球村里，生活在历史和现实交汇的同一个时空里，越来越成为你中有我、我中有你的命运共同体。"习近平总书记曾引用"立天下之正位，行天下之大道"（《孟子·滕文公下》）表达要"编织互利共赢的合作伙伴网络"[②]的愿景，强调"同世界各国一道维护

---

① 《马克思恩格斯选集》第1卷，人民出版社2012年版，第422页。
② 习近平：《论坚持推动构建人类命运共同体》，中央文献出版社2018年版，第320页。

第二章
马克思主义理论与为政以德的契合性

人类良知和国际公理"①的主张,维护天下之公,推动各国相互尊重、守望相助、休戚与共,变对抗为合作、化干戈为玉帛,开放包容、共谋发展。在2018年上海合作组织青岛峰会上,习近平主席提到"大道之行,天下为公"的儒家大同社会理想,指出"协和万邦、和衷共济、四海一家"等儒家理念与坚持互信、互利、平等、协商、尊重多样文明、谋求共同发展,强调求同存异、合作共赢的"上海精神"有着内在的一致性。构建推动人类命运共同体,"弘扬和平、发展、公平、正义、民主、自由的全人类共同价值"②,不是一时兴至而提出的口号,而是对中华民族历来秉持的天下大同理念的继承和发扬,渗透着中华优秀传统文化的为政以德思想智慧,也是对马克思主义世界历史理论、共同体思想的创造性运用和发展,是科学社会主义发展和马克思主义中国化的重要成果,是习近平新时代中国特色社会主义思想的重要内容,彰显着为政以德的大同理想与马克思主义的共产主义理想的内在契合性。

---

① 习近平:《论坚持推动构建人类命运共同体》,中央文献出版社2018年版,第152页。
② 习近平:《高举中国特色社会主义伟大旗帜 为全面建设社会主义现代化国家而团结奋斗——在中国共产党第二十次全国代表大会上的报告》,人民出版社2022年版,第63页。

第三章

中国共产党对为政以德的实践探索及其经验

第三章
中国共产党对为政以德的实践探索及其经验

中国共产党作为以马克思主义为指导思想、全心全意为人民服务的马克思主义执政党,十分重视道德在治国理政中的作用。2014年5月4日,习近平总书记在北京大学师生座谈会上指出,"国无德不兴,人无德不立"。中国共产党人坚持把马克思主义基本原理同中国具体实际相结合、同中华优秀传统文化相结合,根据党在不同历史时期面对的不同形势和任务,立足中国传统和国情,用马克思主义激活中华优秀传统文化中为政以德思想的优秀因子并注入新的时代内涵,使其具有时代生命力。中国共产党人以马克思主义人民性为逻辑起点,传承发扬为政以德传统中的治理智慧,以人民对美好生活的向往作为奋斗目标,用中国话语体系发展形成了关于为政以德的新观点新思想新论述。中国共产党人关于为政以德的新观点新思想新论述,既一脉相承,又与时俱进,拓展和丰富了马克思主义与中华优秀传统文化中为政以德的思想智慧。

读懂为政以德

第一节　新民主主义革命时期对为政以德的初步探索

在新民主主义革命时期，中国共产党确立了马克思列宁主义的指导思想，树立了社会主义和共产主义的奋斗目标，明确了全心全意为人民服务的宗旨，通过倡导全党学习马克思主义理论、重视作风建设、加强纪律教育建设等来筑牢党员的共产主义理想信念、提升党员的思想道德修养，积极传承与践行中华优秀传统文化中为政以德的为民理念和治理智慧，为新民主主义革命的胜利和新中国的成立奠定思想道德基础。

毛泽东在领导新民主主义革命、社会主义革命和建设的长期实践中，始终把马克思主义关于为政以德的基本思想与中国革命和社会主义建设的具体实际相结合、与中华优秀传统文化中为政以德的思想智慧相结合，从创造性地提出"为人民服务"的思想命题和宗旨，在政治实践中锻造和发挥共产党人的道德品质与道德人格、强调党的思想教育与纪律建设等方面，提出了很多关于为政以德的新的有价值的重要论断。

第三章
中国共产党对为政以德的实践探索及其经验

一、加强思想教育与纪律建设，树立共产主义理想信念

中国共产党在建党初期就非常重视党员的思想道德教育和共产主义理想信念。毛泽东认为思想教育是培养党员良好的道德品质和政治品德的重要途径与方法，主张从教育上提升党内政治水平，抵制个人主义、官僚主义等错误思想的侵蚀。

毛泽东在《古田会议决议》中指出："党内最迫切的问题，要算是教育问题"，通过成立干部学校来培养党的干部。新中国成立后，他继续推进党员干部的思想教育，强调思想教育要长期抓，通过思想教育来提高党员干部的政治觉悟，使党员干部避免滑向贪污腐化的泥潭深渊中。毛泽东还要求在党的思想教育方面强化理论学习与实践体悟的结合，"干部不学习便不能够领导工作"[①]，倡导党员干部要学习马克思主义理论，增强政治理论素养，并积极投身革命建设和为人民服务的实践，在实践中深化思想认识、坚定政治立场。

毛泽东根据革命实践的经验，对共产党人应该拥有的道德品质进行了总结概括，并强调共产党人应在为共产主义事业奋斗的政治实践中发挥高尚道德品质的榜样示范作用。他提出共产党人应培养的道德品质包括：谦虚谨慎、正直勇敢的品质；奋不顾身投入党的事业、全心全意为人民服务的埋头苦干的品质；"以革命利益为第一

---

① 《毛泽东文集》第2卷，人民出版社1993年，第177页。

读懂为政以德

生命,以个人利益服从革命利益"①的舍己为人、大公无私的品质。在毛泽东看来,共产党员"无论何时何地都不应以个人利益放在第一位,而应以个人利益服从于民族的和人民群众的利益。因此,自私自利,消极怠工,贪污腐化,风头主义等等,是最可鄙的;而大公无私,积极努力,克己奉公,埋头苦干的精神,才是可尊敬的"②。毛泽东以张思德、白求恩等榜样人物为例,在共产党人道德品质的基础上,提出共产党人的道德人格概念,并对其内涵进行阐述:共产党人的道德人格包含"高尚的人""纯粹的人""有道德的人""脱离了低级趣味的人""有益于人民的人"③等之义,具体的表现包括"毫无自私自利之心""对工作的极端的负责任,对同志对人民的极端的热忱""对技术精益求精"等多个方面。④ 为了培养共产党人的道德品质与道德人格,毛泽东重视共产主义道德教育与道德修养,号召向道德典范学习,开展批评与自我批评,在同工农群众相结合的实践中提升道德修养,强调"共产党员在各级政府中应该成为坚决勇敢、刻苦耐劳、急公好义、礼义廉耻的模范"⑤。

以思想教育为基石,以共产主义理想为灯塔,中国共产党将共产主义理想与为政以德有机结合,引领中国人民不断前进。党的一大通过的纲领规定,申请入党的人不得具有非共产主义的思想倾向,

---

① 《毛泽东选集》第 2 卷,人民出版社 1991 年版,第 361 页。
② 《毛泽东选集》第 2 卷,人民出版社 1991 年版,第 522 页。
③ 《毛泽东选集》第 2 卷,人民出版社 1991 年版,第 660 页。
④ 参见《毛泽东选集》第 2 卷,人民出版社 1991 年版,第 659—660 页。
⑤ 《毛泽东文集》第 2 卷,人民出版社 1993 年版,第 54 页。

第三章
中国共产党对为政以德的实践探索及其经验

他们在入党之前,"必须断绝同反对我党纲领之任何党派的关系",以使党员的思想道德品质得到保证。在革命战争年代,中国共产党倡导全党学习马列经典著作,展开马克思主义学习教育,引导党员掌握马克思主义的精髓,树立共产主义理想信念和道德信念。

随着《共产党宣言》中文全译本在中国的出版,中国共产党人通过接触《共产党宣言》等马克思主义经典著作,开始了世界观和思想道德境界的转变,逐步树立起对马克思主义、共产主义的信仰。毛泽东是全党学习马列经典的楷模,他从不间断学习马列经典,即使在长征中和转战陕北时,都把几部马列著作带在身边。《共产党宣言》是毛泽东一生研读遍数最多、读得最熟、读的时间最长的马列经典。1939年底,毛泽东在延安对一位进马列学院学习的同志说:"马列主义的书要经常读。""《共产党宣言》,我看了不下一百遍,遇到问题,我就翻阅马克思的《共产党宣言》,有时只阅读一两段,有时全篇都读,每读一次,我都有新的启发。我写《新民主主义论》时,《共产党宣言》就翻阅过多次。读马克思主义理论在于应用,要应用就要经常读,重点读。"①

毛泽东倡导共产党员学习马克思列宁主义理论,特别是党的领导干部要更加系统地、实际地学习马列经典,不断提高理论修养,进而提升思想道德境界,树牢共产主义理想信念。毛泽东曾在党的六届六中全会上的报告中强调:"如果我们党有一百个至二百个系统地而不是零碎地、实际地而不是空洞地学会了马克思列宁主义的同

---

① 《习近平讲党史故事》,人民出版社2021年版,第22页。

志,就会大大地提高我们党的战斗力量"。延安时期,在毛泽东的推动下,我们党陆续创建了抗日军政大学、陕北公学、延安马列学院等十几所干部学院,促进马克思主义理论的教育与学习。毛泽东十分关心干部的学习,除了到这些学校讲课,还经常看望学员,了解学习情况,鼓励党员们不断提高理论修养和道德修养。为了使党员认清教条主义的危害,树立对马克思主义的科学态度和信念,毛泽东在党的七大上要求党员特别是干部学习《共产党宣言》等五本著作。在党的七届二中全会上,毛泽东又提出党员干部必读的十二本马列著作,在全体党员干部中兴起了学习的热潮。

为了让党员在学习中领悟和掌握马克思主义的精髓与灵魂,毛泽东为中央党校题写"实事求是"的校训,教育党员理解"实事求是"的科学含义和精神实质,始终按实事求是的要求办事,践行共产主义的信念和道德规范。1938年,毛泽东在党的六届六中全会的报告中指出:"共产党员应是实事求是的模范,又是具有远见卓识的模范。因为只有实事求是,才能完成确定的任务;只有远见卓识,才能不失前进的方向。"1940年2月,毛泽东发表《新民主主义论》一文,在探讨中国向何处去,怎样带领中国人民寻找民族解放道路时指出:"科学的态度是'实事求是','自以为是'和'好为人师'那样狂妄的态度是决不能解决问题的。"1941年5月,毛泽东在延安干部会议上作《改造我们的学习》报告时对"实事求是"作出了科学解释:"'实事'就是客观存在着的一切事物,'是'就是客观事物的内部联系,即规律性,'求'就是我们去研究。"随后,"实事求

第三章
中国共产党对为政以德的实践探索及其经验

是"被确定为中央党校校训,毛泽东亲笔题写这四个大字,被嵌在中央党校大门口。毛泽东所说的"实事求是",是马克思主义的"实事求是",是中国共产党思想路线的核心所在,是毛泽东把马克思主义同中国实际相结合、把马克思主义的认识论同中华优秀传统文化相结合的思想理论产物,体现了共产党人的信念态度和道德情操,对教育党员如何认识世界、如何改造世界、如何带领中国人民寻找民族解放道路发挥了重要作用。

二、确立为人民服务的宗旨,建设接受人民监督的政府

毛泽东创造性地提出"为人民服务"的思想命题和宗旨。毛泽东基于历史唯物主义的立场,提出:"道德是人们经济生活与其他社会生活的要求的反映,不同阶级有不同的道德观"[①],而无产阶级的道德旨在实现人民大众的解放与幸福。他在带领中国人民进行反帝反封建的革命实践中,基于革命的性质与目标,创造性地提出"为人民服务"的思想命题,并将全心全意为人民服务作为中国共产党人的根本宗旨。"为人民服务"是中国共产党的宗旨,也是共产主义道德理想在共产党人道德修养与追求上的集中反映。

1939年12月,毛泽东在《纪念白求恩》一文中号召共产党员学习弘扬白求恩的共产主义精神,努力做"高尚的人""纯粹的

---

① 《毛泽东文集》第3卷,人民出版社1996年版,第84页。

读懂为政以德

人""有道德的人""脱离了低级趣味的人""有利于人民的人"。

1944年9月,中共中央警备团为在烧炭中牺牲的战士张思德举行追悼会,毛泽东出席并发表《为人民服务》的演讲,他指出:"我们的共产党和共产党所领导的八路军、新四军,是革命的队伍。我们这个队伍完全是为着解放人民的,是彻底地为人民的利益工作的","为人民的利益坚持好的,为人民的利益改正错的";他还指出:"人总是要死的,但死的意义有不同……为人民利益而死,就比泰山还重;替法西斯卖力,替剥削人民和压迫人民的人去死,就比鸿毛还轻。张思德同志是为人民利益而死的,他的死是比泰山还要重的"。① 在这里,毛泽东正式提出"为人民服务"的命题,把人民和人民利益作为党的工作的衡量标准。那时的陕甘宁边区政府,被誉为"民主的政府,廉洁的政府"。据有关资料记载,当年驻延安的美军观察组成员曾说:"这里不存在铺张粉饰和礼节俗套,没有乞丐,也没有令人绝望的贫困现象,人们的衣着和生活都很俭朴,人民之间的关系是坦诚、直率和友好的。这里也没有贴身保镖、宪兵和重庆官僚阶层的哗众取宠的夸夸其谈。"中国共产党以对人民的无限忠诚,赢得了人民的拥护和支持。

1945年4月,党的七大召开,毛泽东在开幕词中指出:"我们应该谦虚,谨慎,戒骄,戒躁,全心全意地为中国人民服务"②。在这次会议上,正式把"全心全意为中国人民服务"写入了党章,规定中

---

① 《毛泽东选集》第3卷,人民出版社1991年版,第1004页。
② 《毛泽东选集》第3卷,人民出版社1991年版,第1027页。

第三章
中国共产党对为政以德的实践探索及其经验

国共产党人必须具有全心全意为人民服务的精神，必须用心倾听人民群众的呼声和了解他们的需要。接着，中国共产党把"为人民群众服务"规定为党员必须履行的义务。在《论联合政府》的报告中，毛泽东深刻阐述了"为人民服务"的政治内涵："我们共产党人区别于其他任何政党的又一个显著的标志，就是和最广大的人民群众取得最密切的联系。全心全意地为人民服务，一刻也不脱离群众；一切从人民的利益出发，而不是从个人或小集团的利益出发；向人民负责和向党的领导机关负责的一致性；这些就是我们的出发点。"① 在这里，毛泽东把"为人民服务"提升到党的初心和宗旨的高度，并强调要"全心全意""为人民服务"，体现了"为人民服务"的崇高性和彻底性。此后，"全心全意为人民服务"作为党的根本宗旨载入历次党章，成为中国共产党人的终身道德理念和价值追求，激励着中国共产党人在新民主主义革命实践中前赴后继、英勇奋斗，为赢得民心、赢得革命胜利奠定思想道德基础。

社会主义革命和建设时期，毛泽东不仅要求全体党员，而且要求国家工作人员践行全心全意为人民服务的宗旨。1957年3月，毛泽东对全体党员提出践行党的宗旨的严格要求："共产党就是要奋斗，就是要全心全意为人民服务，不要半心半意或者三分之二的心三分之二的意为人民服务。"②

中国共产党不仅把全心全意为人民服务作为自己的根本宗旨，

---

① 《毛泽东选集》第3卷，人民出版社1991年版，第1094—1095页。
② 《毛泽东文集》第7卷，人民出版社1999年版，第285页。

读懂为政以德

还把建设接受人民监督的政府作为执政的责任和追求。1945年7月，为巩固民主团结、促成国共谈判，黄炎培等6名国民参政员由重庆飞抵陕北延安。毛泽东、朱德、周恩来等中共中央领导人亲自到机场迎接。黄炎培等人在延安访问了5天，与毛泽东等人进行了3次共十多个小时的会谈。虽然只有短短5天时间，但中共领导人的朴实稳重、红色延安的民主祥和，让黄炎培很是感慨和敬佩。7月4日，毛泽东在延安的窑洞里与黄炎培推心置腹地谈古论今，毛泽东问黄炎培有什么感想，黄炎培坦率地说："我生六十多年，耳闻的不说，所亲眼看到的，真所谓'其兴也浡焉'，'其亡也忽焉'。一人、一家、一团体、一政党、一地方，乃至一国，不少单位都没有能够跳出这周期率的支配力。大凡初时聚精会神，没有一事不用心，没有一人不卖力，也许那时艰难困苦，只有从万死中觅取一生。既而环境渐渐好转了，精神也就渐渐放下了。有的因为历时长久，自然地惰性发作，由少数演为多数，到风气养成，虽有大力，无法扭转，并且无法补救。……一部历史，'政怠宦成'的也有，'人亡政息'的也有，'求荣取辱'的也有。总之没有能跳出这周期率。……国民党初起时，不也是一个万众瞩目的革命政党嘛！共产党会不会重蹈前人的覆辙？希望贵党能够找出一条新路，跳出这个历史周期率的支配。"对于黄炎培的发问，毛泽东坦然回答说："正所谓'君子之泽，五世而斩''富贵不佐三代'，也包含了先生你讲的这些道理。""我们共产党已经找到了新路，能够跳出这个历史周期率。这条新路，就是民主。只有让人民来监督政府，政府才不敢

第三章
中国共产党对为政以德的实践探索及其经验

松懈。只有人人起来负责，才不会人亡政息。"①

毛泽东对黄炎培"窑洞之问"的回答，体现了中国共产党对执政规律的思考与把握、对人民历史地位的敬重以及对人民福祉的追求。不管是在新民主主义革命时期，还是新中国成立后的执政实践中，中国共产党都始终保持建党初心，保持对人民的赤子之心，真正发扬民主，实行民主监督，构建有效的监督体系，以优良的作风和道德追求赢得人民的信任与支持，进而跳出历史周期率，永葆生机活力。

三、重视作风建设，提升党员思想道德修养

重视作风建设、提升党员修养是马克思主义政党的重要特征和基本要求，中国共产党作为马克思主义政党，特别重视党内作风与党员修养。党内作风和党员修养体现党的性质、代表党的形象，关系革命事业的成败。持之以恒抓作风建设，体现我们党对为政以德的传承和弘扬，是管党治党的重要历史经验。

中国共产党要求新党员在入党时要进行宣誓，誓词既是党员对党和人民作出的庄严承诺，也是党员必须遵守的行为规范和准则，体现了党对党员的作风与修养的要求。井冈山时期，毛泽东亲自撰写"牺牲个人，努力革命，阶级斗争，服从组织，严守秘密，永不

---

① 参见薛鑫良：《"历史周期率"与"延安窑洞对话"》，《学习时报》2016年8月15日。

叛党"的入党誓词。秋收起义部队向井冈山进军的途中，毛泽东主持了六名新党员的入党宣誓仪式，带领他们宣读了这六句入党誓词。抗日战争时期，基于当时的革命战争形势，党对入党誓词的内容进行了充实："我宣誓：一、终身为共产主义事业奋斗；二、党的利益高于一切；三、遵守党的纪律；四、不怕困难，永远为党工作；五、要作群众的模范；六、保守党的秘密；七、对党有信心；八、百折不挠，永不叛党。谨誓。"

延安时期，中国共产党在全党范围内开展了一次反对主观主义、反对宗派主义、反对党八股的整风运动，对党内作风与党员修养提出了严格要求。1941年5月，毛泽东在延安干部会议上作《改造我们的学习》报告，指出"中国共产党的二十年，就是马克思列宁主义的普遍真理和中国革命的具体实践日益结合的二十年"，尖锐地批评那种"不愿作系统的周密的调查和研究，仅仅根据一知半解，根据'想当然'，就在那里发号施令"的"主观主义的作风"，主张将全党的学习方法和学习制度改造一下。从1942年2月到1943年9月，整风运动在全体党员特别是党的干部中普遍进行，着重组织党员干部学习马克思列宁主义，清理错误的思想方法和作风，提升党员特别是党的干部的思想理论修养。

1942年12月，中央总学习委员会发布《关于文风学习的通知》，要求每位党员做到三点：一是检查过去的工作，二是检查现在的工作，三是检查自己写过的作品或文件，目的是使党八股的余毒得到彻底清除，因为党八股是主观主义的表现形式。自此，整风运动进入整顿文风阶段。1944年5月至1945年4月，党的六届七中全会召开。全会原则通过了《关于若干历史问题的决议》，对党内若干重大历史问题作出结论，使全党特别是党的领导干部对中国民主革命的基本问题的认识达到在马克思列宁主义基础上的一致。《关于若干历史问题的决议》既为党的七大召开奠定了思想基础，也促进了中国革命事业的发展。至此，整风运动胜利结束。在这一过程中，中国共产党运用批评与自我批评的武器，使许多党员从教条主义的思想束缚中解放出来，党员的作风与修养得到了很大的提升，使全党达到了空前的团结和统一。

中国共产党通过整风对形式主义、官僚主义进行了清算，"使患者为之一惊，出一身汗"，破除党内存在的脱离实际、脱离群众的不良之风，也使党员在作风整改中不断提高思想道德修养，始终保证党所领导的事业沿着正确的方向前进。当时到过延安的斯诺、史沫特莱、陈嘉庚、黄炎培等国际人士、党外人士，亲身感受到中国共产党治理下的延安的一派政治清明、军民团结、上下一致、生机蓬勃的气象之后，一致认定"延安作风"必胜，中国的希望在共产党。

四、加强纪律教育建设，使"德"与"法"相得益彰

在新民主主义革命时期，中国共产党不仅重视思想道德建设，还重视加强纪律教育建设，通过党的纪律法规要求来密切党群关系、

读懂为政以德

维护道德规范，使"德"与"法"的作用在党的建设和革命实践中相得益彰，体现了党对为政以德的历史传承和创新探索。

在毛泽东看来，严肃的纪律性是马克思主义政党的要求，也是中国共产党的突出政治优势，严明的纪律可以保证党的思想统一、团结稳定，使全体党员与领导干部保持思想上与政治上的纯洁性，防止党员干部出现贪腐堕落、自由主义、个人主义、官僚主义等政德失范现象。毛泽东也将纪律建设视为一种教育手段，如在处理张国焘不服从中央领导、拉拢私党的叛党违纪问题时，毛泽东要求对全体党员和干部开展党的纪律教育，"既使一般党员能遵守纪律，又使一般党员能监督党的领袖人物也一起遵守纪律"[①]。毛泽东还在《论十大关系》《关于正确处理人民内部矛盾的问题》等文章中强调党的纪律建设，以为社会主义革命和建设、为党的治国理政实践提供保障。

为了克服各种非无产阶级思想的影响，毛泽东为人民军队制定了"三大纪律八项注意"，强调"路线是'王道'，纪律是'霸道'，这两者都不可少"[②]。1948年5月，毛泽东率领中共中央机关、解放军总部移驻西柏坡。9月，中国共产党在这里召开了撤离延安后的第一次政治局会议，这也是一次"立规矩"的会议，会议提出要夺取全国政权的战略任务，作出了关于执行请示报告制度的决议、健全党委制等工作要求。毛泽东在会上着重强调了纪律的重要性："现

---
① 《毛泽东选集》第2卷，人民出版社1991年版，第528页。
② 《毛泽东文集》第2卷，人民出版社1993年版，第374页。

第三章
中国共产党对为政以德的实践探索及其经验

在无纪律和无政府状态在党内已到了令人不能容忍的程度。从中央机关、中央代表机关,一直到各地,报喜不报忧,瞒上不瞒下,封锁消息……这些状态必须改变。"①会后,"军队向前进,生产长一寸,加强纪律性,革命无不胜"成为全党全军的行动方针,一场加强纪律教育之风在党内开展起来。1949年3月,党的七届二中全会召开,毛泽东提醒全党必须预防可能出现的"骄傲情绪""以功臣自居的情绪""停顿起来不求进步的情绪""贪图享乐不愿再过艰苦生活的情绪",并强调:"务必使同志们继续地保持谦虚、谨慎、不骄、不躁的作风,务必使同志们继续地保持艰苦奋斗的作风。"②

毛泽东还带领全党制定了一系列打击贪污腐败、惩治失德行为的法律制度,《陕甘宁边区施政纲领》明确规定"厉行廉洁政治,严惩公务人员之贪污行为,禁止任何公务人员假公济私之行为,共产党员有犯法者从重治罪"。1949年9月,中国人民政治协商会议通过的《共同纲领》第十八条规定:"中华人民共和国的一切国家机关,必须厉行廉洁的、朴素的、为人民服务的革命工作作风,严惩贪污,禁止浪费,反对脱离人民群众的官僚主义作风。"毛泽东强调:"只要我们党的作风完全正派了,全国人民就会跟我们学。党外有这种不良风气的人,只要他们是善良的,就会跟我们学,改正他们的错误,这样就会影响全民族。"③

---

① 《毛泽东文集》第5卷,人民出版社1996年版,第138页。
② 《毛泽东选集》第4卷,人民出版社1991年版,第1438—1439页。
③ 《毛泽东选集》第3卷,人民出版社1991年版,第812页。

第二节　社会主义革命和建设时期对为政以德的持续探索

在社会主义革命和建设时期，中国共产党实现了从新民主主义到社会主义的转变，不断推进党的道德建设。在这一时期，中国共产党对为政以德的传承实践主要体现在不断加强理论学习教育以提升党员党性修养，开展调查研究以树立为民和务实的工作作风，重视领导干部作风建设以为党员树立廉洁奉公的榜样，加强家风家规建设以彰显共产党人的道德情操等方面，从思想上作风上强化党的道德建设，筑牢党的执政基础，增强党的纯洁性和执政正当性，为完成社会主义革命、实现中华民族有史以来最为广泛而深刻的社会变革提供坚实的思想道德基础。

一、加强理论学习教育，提升党员党性修养

新中国成立后，中国共产党更加重视党员特别是党员干部的理论学习，坚定全体党员的共产主义理想信念，并通过理论学习教育来提升党员的党性修养。1951年3月，中共中央下发《关于加

强理论教育的决定的通知》，要求适应建设新中国的复杂任务，全党有系统地学习理论，其中特别对高级干部的学习作了明确规定。从 1950 年 5 月到 1954 年 2 月、从 1957 年 4 月到 1958 年 8 月、从 1963 年 2 月到 1966 年 5 月、从 1967 年 10 月到 1973 年 8 月，中国共产党先后开展了四次整风和社会主义教育运动，旨在实现全党范围内的马克思主义教育，提高全体党员特别是党员干部的马克思主义理论水平和党性修养，从而推动社会主义革命和建设。1970 年，毛泽东为中央委员和中央候补委员列出九本马列著作，并强调学好马列主义不是一件容易的事情，在学习中要联系实际用好马列主义。在毛泽东的倡导和推动下，党内形成了理论学习的良好风气。

二、开展调查研究，树立为民和务实的工作作风

20 世纪 60 年代初，我国国民经济遭遇严重困难，为了探究困难之因、扭转困难之势，中国共产党着眼于解决实际问题，以实事求是的态度开展调查研究，并在调查研究中树立为民和务实的工作作风，以此赢得人民群众的信任和支持。

1958 年"大跃进"和人民公社化运动开始后，高指标和"共产风"盛行，主观上的工作失误和客观上的严重自然灾害，导致我国国民经济出现了前所未有的严重困难。在严峻的形势面前，党很快意识到"不明了情况是很危险的"，需要正确认识客观实际并对国民经济进行调整。为此，毛泽东三次号召全党大兴调查研究之风。第

读懂为政以德

一次是1960年底至1961年初,在中央召开的工作会议上,毛泽东向全党发出号召说:"请同志们回去后大兴调查研究之风,一切从实际出发,没有把握就不要下决心。"① 第二次是在随后召开的党的八届九中全会上,毛泽东提出希望1961年"成为一个调查年,大兴调查研究之风"。第三次是1961年3月,在广州召开的中央工作会议上,毛泽东批评一些干部说:"大家做官了,不做调查研究了。"就在当月,中共中央发出《关于认真进行调查工作问题给各中央局,各省、市、区党委的一封信》,其中附有毛泽东于1930年5月写的《关于调查工作》(后来发表时题目改为《反对本本主义》),要求县以上各级领导机关联系实际深入学习,并强调:"一切从实际出发,不调查没有发言权,必须成为全党干部的思想和行动的首要准则。"

1961年4月至5月,刘少奇在家乡湖南省宁乡县和长沙县进行了为期44天的调查研究。可是在当时的情况下,人们不敢讲真话。为了了解群众心中真实的想法,在一次座谈会上,刘少奇摘下青呢帽,露出满头银发,用地道的宁乡腔恳求道:"改正错误要了解真实情况,希望大家帮助我,向我提供真实情况。"人民群众看到了国家主席真诚的表情,体会到了国家主席渴望了解实情的真心。此后,刘少奇不让社队干部陪同,带着秘书径直来到生产队,请社员座谈。此次刘少奇在湖南调查,44天中有33天住在农村,有时睡在养猪场饲养员用过的铺了稻草的木板床上,有时睡在县委会议室的一张长方形的会议桌上,有时睡在大队部用两条长凳架着的门板上,在

---

① 《毛泽东年谱(1949—1976)》第4卷,中央文献出版社2013年版,第523页。

长沙县天华大队一个普通农舍中，他就住了 18 天。经过 40 多天与群众心贴心交流、面对面沟通，刘少奇赢得了群众的信任，群众愿意向他反映真实看法。正是在刘少奇等中央领导同志深入农村进行实地调研的基础上，1961 年 5 月至 6 月，中央在北京召开工作会议，通过《农村人民公社工作条例（修正草案）》，取消了供给制，并规定"在生产队办不办食堂，完全由社员讨论决定"。这个决策受到了人民群众的极大欢迎。

三、重视领导干部作风建设，树立廉洁奉公榜样

文风是党的作风的重要方面，也是党的作风的重要体现，彰显着党员的理论素养和道德修养。作为党的领导人，邓小平倡导讲话、写文章力求简短精练、直截了当，要言不烦、意尽言止，少一些穿靴戴帽的"客套话"，多一些反映人民心声的真话实话，为全党形成优良的文风和作风树立了榜样。1975 年 1 月，四届全国人大一次会议在北京举行。鉴于周恩来的身体状况，时任第一副总理的邓小平，受毛泽东委托代周恩来主持起草政府工作报告。邓小平不仅将报告的总字数压缩到只有 5000 多字，还带领起草小组克服重重阻力，将周恩来长期以来关于"四个现代化"的思想作为重点写入报告文稿中。实现"四个现代化"的宏伟目标一经报道，立刻振奋起全党全国人民冲破"文革"束缚的信心。邓小平讲话，一般不用事先准备稿子，只有在一些重要场合，一些重大问题需要进行深入阐述时才由别人帮助起草

读懂为政以德

稿子。即使这样,他也总是要求起草人要从政治角度看问题,要能抓住要害,要能反映人民群众的心声,文字不能太多,而且都是自己先写出简明的提纲。邓小平不仅自己率先垂范,对党内的重要会议、汇报,重要领导人的讲话也提出了同样的要求。早在1956年,讨论党的八大报告和发言稿的起草时,他就说过:"八大大会发言要精彩、生动、多样性,还要短。"1982年6月,党的十二大报告框架出来以后送他审阅,他在同有关同志谈报告修改时说,报告架子可以,但要写得精彩些、短些。这些都体现出了邓小平求真务实的思想理论修养和实事求是的工作作风,为全体党员树立了标杆。

在社会主义革命和建设时期,刘少奇等党的领导干部始终保持艰苦奋斗、廉洁奉公的人民公仆本色,为党员牢记为人民服务的宗旨、保持优良的工作作风作出了表率。刘少奇曾在《论共产党员的修养》中批评把个人利益摆在党和人民利益之上的种种自私自利的思想,他对讲排场、摆阔气、假公济私的现象深恶痛绝,强调这是绝对不能允许的。他说:"我们党从最初起,就是为了服务于人民而建立的,我们一切党员的一切牺牲、努力和斗争,都是为了人民群众的福利和解放,而不是为了别的。这就是我们共产党人最大的光荣和最值得骄傲的地方。"[①]刘少奇表里如一,言行一致,严于律己,他要求别人做到的,自己身体力行,首先做到。新中国成立后,有一次刘少奇发现公家为他报销了夜餐费,便诚恳地对中南海行政处的同志说,"我长期习惯夜间办公,和一般同志的情况不同,夜餐费不该让公家出。"

[①]《刘少奇选集》上卷,人民出版社1981年版,第348页。

第三章
中国共产党对为政以德的实践探索及其经验

他坚决要行政处的同志把夜餐费的单子开出来,从他的工资中扣除。刘少奇经常轻装简从,深入群众、深入基层,倾听群众呼声,心系群众安危。他同掏粪工人时传祥结下的友情,成为党同人民群众血肉联系的生动缩影。当知道时传祥只识二三百个字,连名字都写不好时,刘少奇鼓励他要好好学习,并把自己的笔送给他,说:"我们在党的领导下,都要好好地为人民服务。你掏大粪是人民勤务员,我当主席也是人民勤务员,这只是革命分工不同,都是革命事业中不可缺少的一部分。"刘少奇虽是党和国家领导人,但始终保持着公私分明、廉洁奉公的人民勤务员的本色,以严于律己的表率作用推动党的作风建设,以及为党员提升党性修养作出了示范。

四、加强家风家规建设,彰显共产党人的道德情操

在社会主义革命和建设时期,中国共产党重视党员特别是领导干部的家庭家风建设,保持共产党人的政治操守和道德作风,为全社会做好表率。

周恩来反复要求党员特别是党的干部要过"五关",即思想关、政治关、社会关、亲属关和生活关,尤其是亲属关。1963年5月,他提出党员干部要过好亲属关,认为"过亲属关说起来容易,做起来就不那么容易了"[①]。他说:"对亲属,到底是你影响他还是他影响你?一个领导干部首先要回答和解决这个问题。如果解决得不好,

---

① 《周恩来选集》上卷,人民出版社1984年版,第426页。

读懂为政以德

你不能影响他,他倒可能影响你。我看,解决亲属问题的最好办法主要是依靠社会,由社会去锻炼他,改造他。要相信社会的力量。"①早在新中国成立之初,因不少故乡亲友要谋求一官半职,周恩来曾专门召集家庭会议,定下"十条家规":一、晚辈不准丢下工作专程来看望他,只能在出差顺路时去看看;二、来者一律住国务院招待所;三、一律到食堂排队买饭菜,有工作的自己买饭菜票,没工作的由总理代付伙食费;四、看戏以家属身份买票入场,不得用招待券;五、不许请客送礼;六、不许动用公家的汽车;七、凡个人生活上能做的事,不要别人代办;八、生活要艰苦朴素;九、在任何场合都不要说出与总理的关系,不要炫耀自己;十、不谋私利,不搞特殊化。这"十条家规",是周恩来用以律己治家的道德行为规范,教育激励了几代共产党人。他曾说过:"我身为总理,带一个好头,影响一大片,带一个坏头,也影响一大片。"这是中国共产党人切实传承发扬中华优秀传统文化中为政以德思想的生动体现。

刘少奇也是坚持过好"五关"、重视家风家规、保持廉洁奉公本色的党员干部典范。1959年4月,刘少奇当选国家主席的消息传到湖南宁乡后,家乡人奔走相告。有的亲戚、老乡认为刘少奇当了国家主席,做了大官,今后求他办事、找工作就很容易了。这年国庆节前夕,有几个亲戚为此千里迢迢来到北京。10月1日,刘少奇参加完国庆典礼后,通知家里的所有人到会议室开会。刘少奇和大家打了招呼后说:"今天趁这个机会开个会,在座的有我的亲戚,有

---

① 《周恩来选集》上卷,人民出版社1984年版,第426页。

第三章
中国共产党对为政以德的实践探索及其经验

过去在我这里工作过的同志,还有我的家人,我看就叫家庭会议吧""有人认为我当了国家主席,做了大官,权力很大,就想沾我点光,给点方便。有的想让我给他安排个好工作,有人想通过我来北京上大学,有的亲戚想进中南海依靠我生活。可我又不能满足他们的要求,于是就有人不高兴,发牢骚,说我不近人情"。刘少奇严肃地说:"不错,我是国家主席,硬着头皮给你们办这些事,也不是办不成。可是不行啊!我是国家主席不假,但我是共产党员,不能随便行使自己的职权""我手中的权力是党和人民给的,只能用于维护党和人民的利益""正因为你是国家主席的亲戚,更应该严格要求自己,更应该艰苦朴素、谦虚谨慎,更应该有富贵不能淫、贫贱不能移、威武不能屈的志气"。①加强家风家规建设,并以此来涵养共产党人的道德情操,是中国共产党践行为政以德的重要方式和体现。

---

① 《习近平讲党史故事》,人民出版社2021年版,第167页。

第三节 改革开放和社会主义现代化建设新时期对为政以德的实践拓展

在改革开放和社会主义现代化建设新时期，真理标准问题的大讨论拉开了新时期党和人民思想解放和伦理道德建设的序幕。在这一时期，中国共产党坚持检验真理的实践标准，确立实事求是的思想路线和工作作风；强调党员干部的"德才兼备"标准，抓好干部的思想道德教育；强化党内作风建设，提升党员的思想道德修养；推进社会主义精神文明建设，提高全社会道德风尚；重视制度与法治建设，为思想道德建设提供保障。从多个方面来传承、发展和践行中华优秀传统文化中的为政以德思想，逐步建立起与社会主义市场经济相适应的道德体系和伦理建设框架。以邓小平同志为主要代表的中国共产党人坚持解放思想、实事求是，把中国的社会建设实际与人民的意愿需求作为出发点，从站稳人民立场、坚持人民主体地位、尊重人民首创精神、强调物质文明与精神文明"两手抓"和"两手硬"、重视制度建设与法制建设的保障作用等方面阐发了关于在新的历史时期如何践行为政以德的新观点和新思想。

第三章
中国共产党对为政以德的实践探索及其经验

一、坚持检验真理的实践标准，确立实事求是的思想路线和工作作风

1976年10月，以粉碎"四人帮"为标志，"文化大革命"落下帷幕，但"文革"的思维惯性依然存在，特别是"以阶级斗争为纲"的错误指导思想并没有被彻底否定，党和国家一度被束缚在教条主义下，一切从实际出发、实事求是的风气被淡化。这时党和国家面临在思想、政治、组织等各个领域全面拨乱反正的任务，广大干部和群众强烈要求打破思想观念上的禁锢。在这样一个历史关头，邓小平认为要打破思想观念的禁锢、开创现代化建设的新局面，首先就必须坚持实事求是的原则，解决思想路线的问题。1977年，邓小平提出要完整准确地认识、掌握和运用毛泽东思想体系的问题，指出毛泽东倡导的作风，最根本的是群众路线和实事求是这两条。同年，《人民日报》发表陈云撰写的《坚持实事求是的革命作风》一文，推动党重新确立实事求是的思想路线。邓小平的谈话和陈云的文章发表之后，党和国家在突破"两个凡是"的过程中，逐步形成了一种从实际出发、实事求是的风气，过去那种教条式对待马列主义、毛泽东思想和对待中央指示的不正常状况，得到了很大程度的扭转。

1978年5月10日，中共中央党校内部刊物《理论动态》首先发表《实践是检验真理的唯一标准》的文章。5月11日，《光明日报》以本报特约评论员的名义公开发表，新华社当天予以转发，《人

民日报》《解放军报》予以转载。文章针对"两个凡是"的方针,主要阐述了:第一,检验真理的标准只能是社会实践;第二,理论与实践的统一,是马克思主义的一个最基本的原则;第三,革命导师是坚持用实践检验真理的榜样;第四,任何理论都要不断接受实践的检验。这篇文章从思想路线和基本理论上对"两个凡是"的否定,在全党和全国引起强烈反响,得到了大多数人的响应和拥护,并由此引发了关于真理标准问题的热烈讨论,形成全国性的思想解放运动,大大解放了全党和全国人民的思想,推动从实际出发、实事求是的作风形成。

1978年11月至12月,中央工作会议在北京召开,会议果断地停止使用"以阶级斗争为纲"的口号,作出把全党工作的重点转移到经济建设上来的重大决定。会议还决定发扬民主,加强法制,健全党规党法,严肃党纪,实行改革开放。邓小平在闭幕会上作了《解放思想,实事求是,团结一致向前看》的重要讲话,强调解放思想是当前的一个重大政治问题,坚持实事求是要同解放思想结合起来,作为我们党的思想路线。在中央工作会议的基础上,12月18日至22日召开的党的十一届三中全会,全面认真纠正"文化大革命"中及其以前的"左"倾错误,坚决批判"两个凡是"的错误方针,高度评价关于真理标准问题的讨论,确定解放思想、开动脑筋、实事求是、团结一致向前看的指导方针,作出把党的工作重点转移到经济建设上来、实行改革开放的历史性决策,实现了新中国成立以来党的历史上具有深远意义的伟大转折。改革开放的开启是党的历史上一次伟大觉醒,为坚持与发扬实事求是的思想路线和工作作风,为党员培育坚定的理想信念和求真务实的道德情操,奠定了根本性基础。

二、强调党员干部的"德才兼备"标准,抓好干部的思想道德教育

党的十一届三中全会之后,中国共产党重视干部队伍的建设,选拔和培养干部的标准逐渐从"又红又专"丰富至"德才兼备",对党员干部的思想政治素质与思想道德修养提出新要求。1982年党的十二大召开,邓小平在开幕词中把实现干部队伍"革命化、年轻化、知识化、专业化"作为20世纪后二十年的重要工作之一,党员干部"革命化、年轻化、知识化、专业化"还被写入党的十二大通过的新党章,成为党培养和选拔干部的重要标准。为推进干部队伍的"四化",建立科学规范的干部选拔任用制度和选人用人机制,建设一支高修养、强素质的干部队伍,中国共产党于1995年2月颁布《党政领导干部选拔任用工作暂行条例》,2002年7月颁布《党政领导干部选拔任用工作条例》,把"德才兼备、以德为先"作为选拔任用干部的基本原则,要求干部应当具备立志改革开放,具有共产主义远大理想和中国特色社会主义坚定信念,讲学习、讲政治、讲正气,讲实话、办实事、求实效,清正廉洁、勤政为民、以身作则、艰苦朴素,密切联系群众、自觉接受党和群众的批评和监督的基本条件,

读懂为政以德

把"德"的表现作为考察干部的首要内容。2002年11月，党的十六大召开，提出要大力选拔德才兼备、群众公认、实绩突出的领导干部，组建一支能够担当时代重任、经得起风浪考验的干部队伍。为贯彻落实十六大的要求，2004年4月党中央颁布《公开选拔党政领导干部工作暂行规定》，要求按照"德才兼备，以德为先"的原则做好干部公开选拔工作。

值得一提的是，为落实德才兼备、以德为先的用人标准，树立正确的选人用人导向，保持党的纯洁性和先进性，促进党员的思想道德修养，2011年10月中共中央组织部印发《关于加强对干部德的考核意见》(简称《考核意见》)，这是我国第一部关于干部"德"的考核办法，具有干部"德"的考核总章程的性质。《考核意见》要求以对党忠诚、服务人民、廉洁自律为重点，强化对干部政治品质和道德品行的考核，其中在政治品质方面，主要考核干部在政治方向、政治立场、政治态度、政治纪律、党性原则等方面的表现；在道德品行方面，主要考核干部的社会公德、职业道德、个人品德、家庭美德。《考核意见》还突出德在干部标准中的优先地位和主导作用，注重选拔理想信念坚定和对党忠诚、坚持原则和敢于负责、求真务实和真抓实干、执政为民和清正廉洁的干部，同时把德的考核结果体现到干部的选拔任用和培养教育等方面。《考核意见》从基本要求、考核方法、结果运用等维度对如何考核干部的"德"作出规定，树立了"以德修身、以德服众、以德领才、以德润才、德才兼备"的用人导向，体现了党在改革开放和社会主义现代化建设新时

第三章
中国共产党对为政以德的实践探索及其经验

期对为政以德的传承发展和践行弘扬,为党员干部的思想道德修养提供方向指南,也增强了党员干部提升道德品行的积极性与主动性。

中国共产党不仅强调干部的"德才兼备"标准,还围绕"德才兼备"标准抓好干部的思想道德教育。1995年9月27日,江泽民在十四届五中全会召集人会议上提出,高级干部一定要讲政治。11月8日,江泽民在北京市视察时明确指出,在对干部进行教育当中,要强调讲学习、讲政治、讲正气。1996年10月,为纠正党内不良风气,党的十四届六中全会决议发扬整风运动精神,对党员干部开展"讲学习、讲政治、讲正气"的"三讲"教育活动。1997年党的十五大提出要继续在县级以上领导干部中深入进行以"三讲"为主要内容的党性党风教育。在"三讲"教育活动中,党要求干部要学习马克思主义及其中国化的科学理论体系,要在风险挑战和发展机遇并存的世纪之交增强政治鉴别力和敏锐性,坚定共产主义政治理想和中国特色社会主义政治方向,要弘扬公正无私、刚直不阿的正派风气,遇事讲党性、做事讲原则。干部队伍通过"三讲"教育活动,锤炼和提升了党性修养和思想道德素质。

党的十六大后,胡锦涛提出党员干部在为政实践中要"做讲政治的表率"[1],培养政治敏锐性,维护党的领导和党中央权威,为人民群众树立良好的政治榜样。在胡锦涛看来,要把"品德、知识、能力和业绩作为衡量人才的主要标准"[2],品德在党员特别是领导干部的

---

[1]《胡锦涛文选》第1卷,人民出版社2016年版,第255页。
[2]《十六大以来重要文献选编》(上),中央文献出版社2005年版,第623页。

读懂为政以德

素养中居于基础性与首要性的位置,"要坚持把干部的德放在首要位置……形成以德修身、以德服众、以德领才、以德润才、德才兼备的用人导向"①。为了让党员干部"成为政治坚定、作风优良、纪律严明、勤政为民、恪尽职守、清正廉洁的领导干部"②,胡锦涛强调"加强党性修养,树立和弘扬优良作风"③,因为"良好的作风是抵御消极腐败现象和保持清正廉洁的重要保障"④。他还认为党员特别是领导干部的党性修养与品行作风具有对人民群众的导向性作用,倡导通过党员修养和党的作风建设、廉政文化建设来带动构建知荣辱、讲正气、促和谐的社会风尚。

2004年,党的十六届四中全会决议提出"努力建设学习型政党"的要求,强调抓好党员干部的理论学习与业务学习,通过学习活动来增强党员干部的政治理论素养和思想道德修养。2007年,党的十七大报告提出要"建设全民学习、终身学习的学习型社会";两年后,党的十七届四中全会提出"把建设马克思主义学习型政党作为重大而紧迫的战略任务",对建设学习型政党作出新的部署,并强调党员干部要在建设学习型政党的实践中当好榜样、作出表率。学习是文明传承之途、人生成长之梯、政党巩固之基、国家兴盛之要。学习型政党建设以党员干部的素质提高和全面发展为目标,以

---

① 胡锦涛:《在庆祝中国共产党成立90周年大会上的讲话》,《人民日报》2011年7月2日。
② 《十七大以来重要文献选编》(上),中央文献出版社2009年版,第851页。
③ 《十七大以来重要文献选编》(上),中央文献出版社2009年版,第856页。
④ 《十六大以来重要文献选编》(下),中央文献出版社2008年版,第871页。

党员干部的表率作用来影响、辐射、带动人民群众素质的全面发展。学习型政党建设起到了"学以修身""学以立德"的效果,端正了党员干部的价值观、权力观、道德观,提高了党员干部的政治理论修养和思想道德境界,同时促进了社会道德风气的优化。

三、强化党内作风建设,提升党员的思想道德修养

在改革开放和社会主义现代化建设新时期,为了进一步发扬党的优良传统,巩固党的组织和纪律,党不断强化自身的作风建设,提升党员的思想道德修养,以更好地团结全党和全国人民实现社会主义四个现代化的伟大任务。

第一,规范入党誓词,坚定党员的政治信念。对于党员而言,入党誓词是一面镜子、一把标尺,也是加强党性修养的根本标准。牢记誓词,坚守誓词,是对共产党员的基本政治要求。进入新时期后,出台一份规范、统一的誓词来对党员进行党性教育,显得尤为迫切,也是党提高对党员政治信念和品行作风要求的体现。1982年9月,党的十二大通过了新的《中国共产党章程》,其中明确规定:"预备党员必须面向党旗进行入党宣誓。誓词如下:我志愿加入中国共产党,拥护党的纲领,遵守党的章程,履行党员义务,执行党的决定,严守党的纪律,保守党的秘密,对党忠诚,积极工作,为共产主义奋斗终身,随时准备为党和人民牺牲一切,永不叛党。"至此,入党誓词正式写进党章,一直沿用至今。

读懂为政以德

第二，要求党员维护党的集中统一，严格遵守党的纪律。进入新时期，中国共产党重申"党员个人服从组织，少数服从多数，下级组织服从上级组织，全党各个组织和全体党员服从党的全国代表大会和中央委员会"的原则，要求党员自觉把维护党的集中统一、严格遵守党的纪律作为自己言论和行动的准则。党还要求全体党员特别是党的干部按照党的利益高于一切的原则来处理个人问题，顾全党的、国家的和人民的大局，并且用这种顾全大局的精神感染人民群众，共产党员特别是党的干部必须成为遵守国家法律，遵守劳动纪律和工作纪律，遵守共产主义道德的模范。

第三，要求党员接受群众监督，当好人民公仆。中国共产党倡导党员和干部是人民的公仆，只有勤勤恳恳为人民服务的义务，没有在政治上、生活上搞特殊化的权利；倡导在社会主义中国，人们只有分工的不同，没有尊卑贵贱的分别，共产党员和干部应当把谋求特权和私利看成是极大的耻辱。为了保持党和广大人民群众的密切联系，防止党的干部和党员由人民的公仆变成骑在人民头上的老爷，中国共产党采取自下而上和自上而下相结合、党内和党外相结合的方法，加强党组织和群众对党的干部和党员的监督，要求党员干部要定期听取人民群众的批评和意见，保持和发扬党的艰苦奋斗和与群众同甘共苦的光荣传统。

邓小平认为共产党人在治国理政的实践中应热爱人民、心系人民，对人民怀有深厚的感情，把为人民谋幸福作为自身的理想追求，他曾动情地说："我是中国人民的儿子。我深情地爱着我的祖国和人

第三章
中国共产党对为政以德的实践探索及其经验

民。"在改革开放和社会主义现代化建设实践中,邓小平强调"群众是我们力量的源泉,群众路线和群众观点是我们的传家宝"[①],党和政府要密切联系人民群众,把党的工作和政策真实地告诉群众,坚决批评和纠正各种脱离群众、对群众疾苦不闻不问的政德失范行为。他还强调贫穷不是社会主义,社会主义要消灭贫穷;社会主义的目的是实现全体人民共同富裕,不是两极分化,各项工作"都要以是否有助于人民的富裕幸福","作为衡量做得对或不对的标准"[②]。在邓小平看来,改革开放和社会主义现代化建设说到底是人民的实践,党和政府要尊重人民群众的意愿,尊重和激发人民群众的首创精神,人民群众才会支持党和政府的决策,才会自觉投身和支持改革开放与社会主义建设,贡献改革与建设的智慧和力量。为此,他强调党和政府在改革开放和现代化建设实践中,"要同人民一起商量着办事,决心要坚定,步骤要稳妥,还要及时总结经验,改正不妥当的方案和步骤"[③]。他反复强调,要把人民拥护不拥护,人民赞成不赞成,人民高兴不高兴,人民答应不答应作为制定方针政策和作出决断的出发点和归宿,始终以人民利益为最高准则来开展领导工作。

党的十三届四中全会后,以江泽民同志为主要代表的中国共产党人在实践中形成的"三个代表"重要思想,强调我们党要始终代表中国最广大人民根本利益,深刻认识到,人民群众是先进生产力

---

① 《邓小平文选》第2卷,人民出版社1994年版,第368页。
② 《邓小平文选》第3卷,人民出版社1993年版,第23页。
③ 《邓小平文选》第3卷,人民出版社1993年版,第268页。

读懂为政以德

和先进文化的创造主体,也是实现自身利益的根本力量。不断发展先进生产力和先进文化,归根结底都是为了满足人民群众日益增长的物质文化需要,不断实现广大人民的根本利益。江泽民指出,"各级干部一定要牢记,联系群众,宣传群众,组织群众,团结群众为实现自己的利益而奋斗,这是我们党的根本力量和优势所在,也是我们各项工作的取胜之道。"[1] 在实践中,我们党倾听人民群众呼声,反映人民群众意愿,集中人民群众智慧,尊重人民群众创造,高度重视和自觉维护人民群众最现实、最关心、最直接的利益问题,既关注人民物质生活水平的提高,又注重人民精神境界的提升。江泽民强调,共产党员应当成为"诚心诚意为人民谋利益,带领群众为经济发展和社会进步做出实绩的先进分子"[2],不断巩固和加强党同人民群众的血肉联系。

党的十六大后,以胡锦涛同志为主要代表的中国共产党人提出"以人为本"的科学发展观。2007年,胡锦涛在党的十七大报告中强调:"必须坚持以人为本。全心全意为人民服务是党的根本宗旨,党的一切奋斗和工作都是为了造福人民。要始终把实现好、维护好、发展好最广大人民的根本利益作为党和国家一切工作的出发点和落脚点,尊重人民主体地位,发挥人民首创精神,保障人民各项权益,走共同富裕道路,促进人的全面发展,做到发展为了人民、发展依

---

[1]《江泽民文选》第1卷,人民出版社2006年版,第364页。
[2]《江泽民文选》第1卷,人民出版社2006年版,第250页。

第三章
中国共产党对为政以德的实践探索及其经验

靠人民、发展成果由人民共享。"① 在这里,胡锦涛将人民群众当作国家社会的真正主人,凸显人民群众在国家社会治理和建设中的主体地位,把实现好、维护好、发展好最广大人民的根本利益视为中国特色社会主义事业建设的根本目的和价值枢纽,从根本上回答发展为了谁、发展依靠谁、发展的目标等重大问题。为此,他要求"各级领导干部要坚持深入基层、深入群众,倾听群众呼声,关心群众疾苦,时刻把人民群众安危冷暖挂在心上,做到权为民所用、情为民所系、利为民所谋"②,他强调"只有我们把群众放在心上,群众才会把我们放在心上","只有我们把群众当亲人,群众才会把我们当亲人"。③

第四,要求党员坚持党性,做到讲真话与言行一致。中国共产党是马克思主义政党,要求党员要有共产主义者的胸襟,严于律己,宽以待人,吃苦在前,享受在后,在工作中坚持正派公道的作风,在人民群众中起模范作用,团结人民群众同心同德地为实现社会主义现代化而奋斗。

1980年2月,邓小平在党的十一届五中全会第三次会议上作了题为《坚持党的路线,改进工作方法》的重要讲话,提出:"要讲真话,有意见摆到桌面上""发扬这样的民主风气,就有利于维护和发展安定团结、生动活泼的政治局面""中国共产党是实事求是的,是

---

① 《胡锦涛文选》第2卷,人民出版社2016年版,第624页。
② 《胡锦涛文选》第2卷,人民出版社2016年版,第9页。
③ 《胡锦涛文选》第3卷,人民出版社2016年版,第532页。

敢于面对现实讲真话的"。对于党员干部来说,讲真话既体现了做人的品行与素养,又是恪守党性、对党忠诚的具体表现。党员干部只有敞开心扉,真诚坦荡地将最真实的情况和感受讲出来,才能帮助上级掌握实情,作出科学决策。

此外,中国共产党还要求党员特别是干部在工作与生活中要说老实话、做老实事、当老实人,光明磊落、表里如一,发扬党一贯倡导的讲真话、不讲假话、言行一致的优良作风,在人民群众中做实事求是的表率和模范,坚决反对投机钻营、官僚政客作风和市侩行为。

四、推进社会主义精神文明建设,提高全社会道德风尚

在推进改革开放和发展社会主义市场经济的过程中,面对社会经济成分、组织形式、就业方式、利益关系和分配方式多样化的趋势,面对世界范围内各种思想文化的相互激荡,中国人民的生活方式、思维方式、道德观念等发生了很大变化,社会的一些领域和一些地方道德失范,拜金主义、享乐主义、极端个人主义滋长,直面新时期的这些变化和挑战,中国共产党提出加强社会主义精神文明建设,增强党员和广大人民群众的社会主义道德观念,塑造社会道德新风尚。

面对市场经济给社会政治实践和思想道德建设带来的冲击与挑

第三章 中国共产党对为政以德的实践探索及其经验

战,邓小平提出要重视社会主义市场经济背景下的道德建设,重视道德在人民经济生活和思想文化生活中的作用,做到物质文明与精神文明"两手抓"与"两手硬"。他认为社会主义初级阶段既要大力发展生产力,利用市场要素促进经济发展,满足人民群众合理的物质利益诉求,又要防止拜金主义、利己主义、享乐主义对人们精神世界的腐蚀,强调党员特别是党的干部要自觉践行社会主义思想与道德。所以在邓小平看来,社会主义既追求物质文明,又追求精神文明,两手都要抓、两手都要硬,特别是在改革开放和社会主义现代化建设的新背景下,更要发扬革命实践时期形成的"革命和拼命精神,严守纪律和自我牺牲精神,大公无私和先人后己精神,压倒一切敌人、压倒一切困难的精神,坚持革命乐观主义、排除万难去争取胜利的精神"①。他强调要在现代化建设实践中传承发扬中国共产党人大公无私、艰苦奋斗、吃苦耐劳、廉洁奉公的精神,坚持马克思主义和共产主义道德理想,发挥道德在物质生活和精神生活中的积极功用,培养一代又一代"有理想、有道德、有文化、有纪律"的"四有新人"。邓小平关于社会主义建设实践中物质文明与精神文明"两手抓""两手硬"的思想,丰富与拓展了马克思主义和中华优秀传统文化中关于为政以德的思想内容。

1982年党的十二大召开,大会提出从文化建设和思想建设的两个方面"努力建设高度的社会主义精神文明",特别是抓好共产主义的理想、道德和纪律建设。为此,中国共产党带领人民开展了"五

---

① 《邓小平文选》第 2 卷,人民出版社 1994 年版,第 368 页。

讲四美三热爱"活动、"全民文明礼貌月"活动等群众性精神文明创建活动，弘扬热爱集体、与人为善的社会主义道德精神，不断提升人们的思想文化水平和社会的文明程度，为党和人民践行为政以德营造了良好的社会文化氛围。在这一时期，广大党员与干部积极参与群众性精神文明创建活动，在活动中以身作则，努力做到为民服务、廉洁奉公、紧密联系群众，发挥带头作用，使党员与干部自身的责任担当意识和思想道德修养也得到磨炼与提升。

1986年，党的十二届六中全会通过了《中共中央关于社会主义精神文明建设指导方针的决议》，进一步明确社会主义精神文明建设的战略地位和根本任务，提出"爱祖国、爱人民、爱劳动、爱科学、爱社会主义"的社会主义道德建设的基本要求，要求党员与干部在工作和生活中带头践履"五爱"，使"五爱"在社会生活的各方面体现出来，在全国各民族之间、干部群众之间、家庭内部和邻里之间，以至人民内部的一切相互关系上，构建和发展平等、团结、友爱、互助的社会主义新型关系。党的十二届六中全会还明确党组织和党员在精神文明建设中的责任，要求党组织与党员加强自身的精神文明建设，特别是党风建设，同时要以模范行动和艰苦工作来组织和推动全社会的精神文明建设。带着这份责任，广大党员与干部带头发扬爱国主义精神，提高民族自尊心、自信心和自豪感，以热爱祖国、报效人民为最大光荣，以损害祖国利益、民族尊严为最大耻辱，提倡学习科学知识、科学思想、科学精神、科学方法，艰苦创业、勤奋工作，反对封建迷信、好逸恶劳，带领人民群众投身中国特色

第三章
中国共产党对为政以德的实践探索及其经验

社会主义事业的建设，推动社会道德新风尚的形成。

党的十三届四中全会以后，以江泽民同志为主要代表的中国共产党人进一步推进社会主义精神文明建设，与时俱进地把党的政德建设推向新世纪。2000年2月，江泽民在广东考察工作时指出："总结我们党七十多年的历史，可以得出一个重要的结论，这就是：我们党所以赢得人民的拥护，是因为我们党在革命、建设、改革的各个历史时期，总是代表中国先进生产力的发展要求、代表中国先进文化的前进方向、代表中国最广大人民的根本利益，并通过制定正确的路线方针政策，为实现国家和人民的根本利益而不懈奋斗。"[①] 同年5月，江泽民进一步指出："三个代表"是我们党的立党之本、执政之基、力量之源。[②] 在庆祝中国共产党成立80周年大会上，江泽民在阐述"三个代表"重要思想时强调："八十年来我们党进行的一切奋斗，归根到底都是为了最广大人民的利益"[③]，"党的一切工作，必须以最广大人民的根本利益为最高标准"。[④] 在江泽民看来，中国共产党之所以能够赢得人民群众的衷心拥护，就在于党始终以最广大人民的根本利益为本，"全心全意为人民服务，立党为公，执政为民，是我们党同一切剥削阶级政党的根本区别"[⑤]。"立党为公，执政为民"把为人民服务的道德践履与人民伦理的价值取向有机结

---

① 《江泽民文选》第3卷，人民出版社2006年版，第2页。
② 《江泽民文选》第3卷，人民出版社2006年版，第6页。
③ 《江泽民文选》第3卷，人民出版社2006年版，第279页。
④ 《江泽民文选》第3卷，人民出版社2006年版，第280页。
⑤ 《江泽民文选》第3卷，人民出版社2006年版，第279页。

读懂为政以德

合起来,为党始终做到"权为民所用、情为民所系、利为民所谋"[①],为党保持人民本色不变质,为中国特色社会主义事业的不断发展,提供思想保证和政治保证。

中国共产党是领导中国特色社会主义事业的核心力量,党的思想道德建设对全社会的精神文明建设与道德建设具有重要的示范和引领作用,江泽民强调从立党为公、执政为民出发,弘扬全心全意为人民服务的精神,以党的思想道德建设带动全社会的思想道德建设,逐步建立起与社会主义市场经济相适应、与社会主义法律规范相协调、与中华民族传统美德相承接的社会主义思想道德体系。他既倡导强化全体党员特别是领导干部的共同和远大理想、爱国主义、集体主义教育,又认为"各级领导干部需要带头加强党性锻炼"[②],必须"讲修养、讲道德、讲廉耻,要把人做好"[③],通过提高全体党员特别是领导干部的思想修养和道德品行来对全社会的思想道德建设发挥示范作用。在此基础上,江泽民进一步"大力倡导社会公德、职业道德和家庭美德"[④],"弘扬中华民族的优秀思想文化"[⑤],"提倡健康文明的生活方式"[⑥]等,旨在培育良好的社会道德风气,不断推动社会精神文明建设。

[①]《十七大以来重要文献选编》(上),中央文献出版社2009年版,第42页。
[②] 江泽民:《论党的建设》,中央文献出版社2001年版,第184页。
[③]《江泽民文选》第3卷,人民出版社2006年版,第330页。
[④]《江泽民文选》第2卷,人民出版社2006年版,第35页。
[⑤]《江泽民文选》第1卷,人民出版社2006年版,第474页。
[⑥]《江泽民文选》第2卷,人民出版社2006年版,第35页。

第三章
中国共产党对为政以德的实践探索及其经验

党的十六大以后,以胡锦涛同志为主要代表的中国共产党人针对新世纪新阶段我国经济社会发展的新情况,紧密结合中国特色社会主义的具体实践,总结我国改革开放以来社会主义精神文明建设和道德建设的经验,站在历史和时代的高度,对如何践行为政以德作出了具有时代特点和创新价值的重要论述。

2006年3月,胡锦涛在参加全国政协十届四次会议民盟、民进界委员联组讨论时提出,要引导广大干部群众树立以"八荣八耻"为主要内容的社会主义荣辱观,倡导以热爱祖国为荣、以危害祖国为耻,以服务人民为荣、以背离人民为耻,以崇尚科学为荣、以愚昧无知为耻,以辛勤劳动为荣、以好逸恶劳为耻,以团结互助为荣、以损人利己为耻,以诚实守信为荣、以见利忘义为耻,以遵纪守法为荣、以违法乱纪为耻,以艰苦奋斗为荣、以骄奢淫逸为耻。以"八荣八耻"为主要内容的社会主义荣辱观,体现了中华民族传统美德与时代精神的有机结合,体现了社会主义基本道德规范和社会风尚的本质要求,是对社会主义国家公民应当遵循的基本思想道德规范的概括,也是从总体上对社会主义社会价值体系的表达。社会主义荣辱观指出了在社会主义社会里应当坚持和提倡什么、反对和抵制什么,为全体社会成员判断行为得失、作出道德选择、确定价值取向提供了基本的价值准则和行为规范,有助于推动良好社会风气的形成和社会主义和谐社会的建设。胡锦涛认为建设社会主义和谐社会就要从人民的利益出发,促进物质文明、政治文明、精神文明的共同发展,推动人与自然、不同群际和区域的协调发展,不断满

读懂为政以德

足人民群众的多方面需求,形成全体人民各尽所能、各得其所而又和谐相处的局面,全面提升人民群众的思想道德素质,推动人的全面发展。

中国共产党为进一步发扬在长期革命斗争与建设实践中形成的优良传统道德,传承发展中华民族几千年形成的传统美德,弘扬民族精神和时代精神,于2001年印发了《公民道德建设实施纲要》,深入开展群众性的公民道德实践活动,继续推进社会主义精神文明建设,推动建立与发展社会主义市场经济相适应的社会主义道德体系,促进物质文明与精神文明协调发展,形成追求高尚、激励先进的社会道德风气。第一,倡导树立建设有中国特色社会主义的共同理想和正确的世界观、人生观、价值观,在全社会提倡"爱国守法、明礼诚信、团结友善、勤俭自强、敬业奉献"的基本道德规范,不断促进党员与全体社会成员的思想道德素质提升和全面发展。第二,开展以"讲文明树新风"为主题的创建文明城市、文明村镇、文明行业活动,引导社会各界力量开展"希望工程""送温暖""志愿者""手拉手""幸福工程""春蕾计划""扶残助残"等公益活动,并将社会公德、职业道德、家庭美德的内容融入到文明创建活动和公益实践活动中。第三,广泛开展向先进典型学习的活动,发掘与运用改革开放和社会主义现代化建设中涌现出来的先进典型,在全党和全社会树立可亲、可敬、可信、可学的道德楷模,让全体党员和人民群众学有榜样、赶有目标、见贤思齐,从先进典型的感人事迹和优秀品质中受到鼓舞、

第三章
中国共产党对为政以德的实践探索及其经验

汲取力量,使先进典型的高尚道德情操成为党与全社会的共同财富。第四,充分利用"五四""七一""八一""十一"等革命节日,"三八""五一""六一"等国际性节日,以及民间传统节日和重大历史事件、历史人物纪念日等,举行形式多样的群众性庆祝、纪念活动,发掘和运用重要节日、纪念日蕴藏的宝贵道德教育资源,增强全体党员和人民群众对祖国、对家乡、对自然、对生活的热爱,陶冶道德情操,形成道德新风尚。

五、重视制度与法治建设,为思想道德建设提供保障

随着改革开放和社会主义现代化建设实践的推进,人们的生活方式和人际关系模式发生了新的变化,国家和社会的治理、人与社会的现代化不能单纯地依靠道德的作用,还需要重视和发挥制度与法治的作用。在这样的时代背景下,中国共产党加强制度和法治建设,为防范党员和干部出现道德失范行为提供屏障。

邓小平高度重视制度建设与法制建设的保障作用,强调在政治实践和现代化建设中强化制度与法制的作用,为营造良好的政治风气和社会环境提供保障。他认为党员干部践行为人民服务的宗旨,保持严守纪律、廉洁奉公的思想作风,除了传承中国共产党人的精神、重视思想道德建设,还需要发挥制度和法制的作用,"克

读懂为政以德

服官僚主义，首先还是要着重研究体制的改革"[1]，"制度问题不解决，思想作风问题也解决不了"[2]，唯有强化制度与法制建设，才能更好地避免官僚主义、脱离人民、贪腐堕落等政德失范现象的出现。邓小平严肃指出政德失范现象的多种表现，如脱离实际、好说空话、人浮于事、不讲效率、官气十足、滥用权力、徇私贪腐等，并分析认为制度问题是影响社会主义建设事业的基础性、重要性问题，不坚决改革制度实践上发现的漏洞与弊端，不发扬社会主义民主，不健全党的民主集中制和监督制度，就不能从根本上解决政德失范的问题。此外，邓小平还重视社会主义法制建设，主张从建设社会主义法制体系、完善党规党章体系、改革政治体制和精简机构、依法从严惩处违法乱纪和贪污受贿的领导干部等方面加强市场经济条件下的社会主义法制建设，以克服脱离群众、官僚主义、不讲效率、徇私贪腐等为政弊端，为传承中国共产党人的精神、保持党和政府的人民本色提供法制保障。

在制度建设方面，十一届三中全会提出要健全党内民主集中制和集体领导制度，在党内一律互称同志，而不叫"官衔"；1982年，新宪法通过，完善了人民代表大会制度、中国共产党领导的多党合作和政治协商制度等，为更好地发挥人大监督、民主监督对党员干部用权行为的规约作用提供了制度保障；进入新世纪，党先后颁布了《中国共产党纪律处分条例》（2003）、《关于党员领导干部报告个

---

[1]《邓小平文选》第2卷，人民出版社1994年版，第282页。
[2]《邓小平文选》第2卷，人民出版社1994年版，第328页。

第三章
中国共产党对为政以德的实践探索及其经验

人有关事项的规定》(2006)、《中国共产党党员领导干部廉洁从政若干准则》(2010)等,为党员干部确立了廉洁从政的行为规范,进一步完善了反腐倡廉的制度体系,也为党员干部的品行修养提供了制度保障。

在法治建设方面,自改革开放以来,党愈发重视社会主义民主和法制建设。党的十三届四中全会上提出,要大力加强民主和法制建设。江泽民强调在以德治国的基础上加强社会主义法制建设,将依法治国与以德治国有机统一起来。他深刻阐述了法治与德治的关系和功能,认为以德治国和依法治国都是治国理政的基本方略和重要途径,"二者缺一不可,也不可偏废"[1],依法治国是以德治国的重要保障,以德治国是依法治国的重要基础,二者是相辅相成的。因此,江泽民一方面提出要在全社会"提倡共产主义思想道德"[2],发挥精神文明在治国理政中的作用;一方面强调不断提升全社会的法治意识,特别是要求党员干部要牢牢守住法律底线,提高依法治国的能力和素质,在遵纪守法上为全社会树立榜样、起到引领作用,使党的政德建设和中国特色社会主义事业在德法合治中不断向前推进。

党的十五大将依法治国确定为党领导人民治理国家的基本方略,首次提出"建设社会主义法治国家"的目标,1999年九届人大二次会议通过的宪法修正案将依法治国载入宪法,这是我国社会主义法

---

[1]《江泽民文选》第3卷,人民出版社2006年版,第200页。
[2]《江泽民文选》第2卷,人民出版社2006年版,第34页。

治建设的又一个里程碑。从"法制"到"法治"，体现了共产党执政理念的转变和优化。"法治"更能凸显"依法而治"的优良状态，意味着"法在权之上""法律面前没有特权"，能够对权力的行使形成更有力的规约。依法治国是党在治国理念和治国方略上的重大进步，坚持推进的依法治国实践使社会生活的各个方面日益走向法治化、制度化、规范化，有利于强化党员干部的法治意识，规约和引导党员干部形成依法用权、依法办事的良好行为和作风，减少道德失范和乱纪违法行为的发生。随着改革开放和社会主义现代化建设的深化，中国共产党愈加深刻认识到法治与德治相结合的必要性和重要性，法治不仅是经济社会健康发展的保障，亦是全党与全社会思想道德建设的必要保障。

党的十六大阐述了依法治国和以德治国的关系，指出两者是相互补充，相互促进的，要坚持"依法治国"和"以德治国"相结合的社会主义法治建设基本原则，充分发挥法治在规范社会成员的行为、提高社会成员的思想认识和道德觉悟方面的功能与作用。党的十六大以后，胡锦涛提出发展是硬道理，稳定是硬任务，并强调了法治与稳定的联系，指出，全面落实依法治国基本方略、加快建设社会主义法治国家，是保证人民当家作主的必然要求，是发展中国特色社会主义的必然要求，是促进社会和谐稳定、实现党和国家长治久安的必然要求。

第四节　中国特色社会主义新时代对为政以德的创新实践

党的十八大以来，中国特色社会主义进入新时代，这是我国发展新的历史方位。在新时代，中国共产党开展思想教育，增强党员的理想信念和党性修养；全面从严治党，推进新时代党的建设新的伟大工程，建设德才兼备的高素质干部队伍；建设社会主义法治国家，坚持依法治国和以德治国相结合；倡导共生并进，推动构建人类命运共同体，从多个方面传承和创新发展中华优秀传统文化中的为政以德思想，拓展党的道德建设境界，为党的长期执政、为中华民族的伟大复兴提供坚实的思想道德基础和自觉的精神力量。

一、开展思想教育，增强党员的理想信念和党性修养

中国共产党在新时代对为政以德的传承实践首先体现在重视通过开展思想教育实践活动来增强党员的理想信念与党性修养，不断提升党员的思想道德境界。党的十八大以来，中国共产党先后组织

开展了党的群众路线教育实践活动、"两学一做"学习教育、"不忘初心、牢记使命"主题教育、党史学习教育等，不断增强党的自我净化、自我完善、自我革新、自我提高的能力。

（一）党的群众路线教育实践活动

2013年6月开始，中国共产党围绕保持先进性和纯洁性，在全党开展以为民、务实、清廉为主要内容的党的群众路线教育实践活动。群众路线是党的生命线和根本工作路线，开展党的群众路线教育实践活动是党在新形势下坚持全面从严治党的决策，是顺应人民群众期盼、加强学习型服务型创新型马克思主义执政党建设的部署，对巩固党的执政基础和执政地位具有重要意义。

中国共产党和政权机关处理同人民群众关系问题的根本态度、工作方法和思想认识路线。在相信群众，依靠群众，全心全意为人民服务的基础上，采取"从群众中来，到群众中去"的方法，即"将群众的意见（分散的无系统的意见）集中起来（经过研究，化为集中的系统的意见），又到群众中去作宣传解释，化为群众的意见，使群众坚持下去，见之于行动，并在群众行动中考验这些意见是否正确。然后再从群众中集中起来，再到群众中坚持下去。如此无限循环，一次比一次地更正确、更生动、更丰富"[①]。中国共产党来自于人民，为人民而生，因人民而兴，始终坚持人民立场，坚持人民主体地位，习近平总书记在十八届中央政治局常委同中外记

[①]《毛泽东选集》第3卷，人民出版社1991年版，第899页。

第三章
中国共产党对为政以德的实践探索及其经验

者见面时就深情说道:"人民对美好生活的向往,就是我们的奋斗目标。"①在党的十九大报告中,习近平总书记进一步强调:"中国共产党人的初心和使命,就是为中国人民谋幸福,为中华民族谋复兴"②,"坚持以人民为中心的发展思想"③,"把人民对美好生活的向往作为奋斗目标,依靠人民创造历史伟业"④。习近平总书记还提出民心是最大的政治,"江山就是人民,人民就是江山,打江山、守江山,守的是人民的心"⑤,要"把人民拥护不拥护、赞成不赞成、高兴不高兴、答应不答应作为衡量一切工作得失的根本标准"⑥,号召全体党员从党的百年奋斗史中不断体悟初心使命,贯彻好以人民为中心的发展思想。在中国特色社会主义新时代,中国共产党把人民对美好生活的向往作为治国理政的目标和追求,坚持立党为公、执政为民,践行全心全意为人民服务的根本宗旨,把以人民为中心的发展思想贯彻到治国理政全部活动之中,始终同人民休戚与共。

面对世情、国情、党情的深刻变化,习近平总书记清醒地指出,精神懈怠危险、能力不足危险、脱离群众危险、消极腐败危险更加尖锐地摆在党的面前,党内脱离群众的现象大量存在,集中表现在

---

① 《习近平谈治国理政》第1卷,外文出版社2018年版,第4页。
② 《习近平谈治国理政》第3卷,外文出版社2020年版,第1页。
③ 《习近平谈治国理政》第3卷,外文出版社2020年版,第15页。
④ 《习近平谈治国理政》第3卷,外文出版社2020年版,第17页。
⑤ 习近平:《在庆祝中国共产党成立100周年大会上的讲话》,人民出版社2021年版,第11页。
⑥ 《习近平谈治国理政》第3卷,外文出版社2020年版,第142页。

读懂为政以德

形式主义、官僚主义、享乐主义和奢靡之风的"四风"上。党的群众路线教育实践活动把贯彻落实中央八项规定①精神作为切入点,着力解决形式主义、官僚主义、享乐主义和奢靡之风的"四风"问题。一是反对形式主义,着重解决工作不实的问题,教育引导党员和干部改进工作作风,把功夫下到察实情、办实事、求实效上。二是反对官僚主义,着重解决在人民群众利益上不维护、不作为的问题,教育引导党员和干部深入基层和深入群众,虚心向群众学习、真心对群众负责、热心为群众服务、诚心接受群众监督,整治消极应付、推诿扯皮、侵害群众利益的问题。三是反对享乐主义,着重克服及时行乐思想和特权现象,教育引导党员和干部牢记"两个务必"②,克己奉公、勤政廉政,保持昂扬向上、奋发有为的精神状态。四是反对奢靡之风,着重整治挥霍享乐和骄奢淫逸的不良风气,教育引导党员和干部坚守节约光荣、浪费可耻的价值观念,努力做到艰苦朴素、精打细算、勤俭办事情。习近平总书记还深刻分析了"四风"背后的深层成因,指出"形式主义背后是功利主义、实用主义作祟,政绩观错位、责任心缺失,只想当官不想干事,只想出彩不想担责,满足于做表面文章,重显绩不重潜绩,重包装不重实效。官僚主义背后是官本位思想,价值观走偏、权力观扭曲,盲目依赖个人经验

---

① 指中国共产党第十八届中央政治局关于改进工作作风、密切联系群众的中央八项规定。主要内容是:改进调查研究、精简会议活动、精简文件简报、规范出访活动、改进警卫工作、改进新闻报道、严格文稿发表、厉行勤俭节约。
② 指毛泽东在党的七届二中全会的报告中提出的"务必使同志们继续地保持谦虚、谨慎、不骄、不躁的作风,务必使同志们继续地保持艰苦奋斗的作风"。

第三章
中国共产党对为政以德的实践探索及其经验

和主观判断,严重脱离实际、脱离群众。"① 为此,习近平总书记强调形式主义、官僚主义同中国共产党的性质宗旨和优良作风格格不入,纠正"四风"不能止步,作风建设永远在路上。

新时代党的群众路线教育实践活动借鉴了延安整风经验,明确提出"照镜子、正衣冠、洗洗澡、治治病"的总要求。照镜子主要是要求党员和干部以党章为镜,对照党的纪律、群众期盼、先进典型,对照改进作风要求,在宗旨意识、工作作风、廉洁自律上找差距和明方向,不断提升共产党人的修养。正衣冠主要是在照镜子的基础上,要求党员和干部按照为民、务实、清廉的要求,"吾日三省吾身",正视缺点和不足,从现在改起,端正行为,保持共产党人的良好形象。洗洗澡,主要是要求党员和干部以整风的精神开展批评和自我批评,清洗思想和行为上的灰尘,引导党员和干部既去灰去泥、放松身心,又舒张毛孔、促进新陈代谢,做到干干净净做事、清清白白做人,保持共产党人的本色。治治病主要是坚持惩前毖后、治病救人的方针,对作风方面存在问题的党员和干部进行教育提醒,对问题严重的党员和干部进行查处,对不正之风和突出问题进行整治。党的群众路线教育实践活动还要求党员和干部以整风精神开展批评和自我批评,坚持"团结—批评—团结"的公式,既深刻剖析和检查自己,又开展诚恳的相互批评,无论批评还是自我批评,都实事求是、出于公心、与人为善,不文过饰非,不发泄私愤,既红红脸、出出汗,又明确整改方向。

---

① 《习近平谈治国理政》第3卷,外文出版社2020年版,第502页。

在党的群众路线教育实践活动中,广大党员和干部受到了马克思主义群众观点的教育,增强了贯彻党的群众路线的自觉性,发扬了批评和自我批评优良传统,形式主义、官僚主义、享乐主义和奢靡之风得到有力整治,党在群众中的威信和形象进一步树立,党心民心进一步凝聚,是党在新时代传承和发展为政以德思想的一次生动实践。

(二)"两学一做"学习教育

党的思想道德建设不可能毕其功于一役,为巩固拓展党的群众路线教育实践活动成果,推动党内教育从"关键少数"向广大党员拓展,从集中性教育向经常性教育延伸,进一步解决党员队伍在思想、组织、作风、纪律等方面存在的问题,保持与发展党的先进性和纯洁性,党于2016年在全体党员中开展"学党章党规、学系列讲话,做合格党员"学习教育(简称"两学一做"学习教育)。

"两学一做"学习教育以尊崇党章、遵守党规为基本要求,以用习近平总书记系列重要讲话精神武装全党为根本任务,教育引导党员自觉按照党员标准规范言行,进一步坚定理想信念、强化宗旨观念,严守政治纪律和政治规矩,在生产、工作、学习和社会生活中起先锋模范作用。"两学一做"学习教育要求党员和干部"学要带着问题学,做要针对问题改",着力解决一些党员理想信念模糊动摇、党的意识淡化、宗旨观念淡薄、精神不振、道德行为不端的问题,持之以恒纠正"四风"。"两学一做"学习教育坚持正面教育为主、

第三章 中国共产党对为政以德的实践探索及其经验

用科学理论武装头脑;坚持学用结合,知行合一;坚持问题导向,注重实效;坚持领导带头、以上率下;坚持从实际出发,分类指导。

"两学一做"学习教育主要采取围绕专题学习讨论、创新方式讲党课、召开党支部专题组织生活会、开展民主评议党员、立足岗位作贡献、领导干部作表率等措施展开与推进。学习教育紧密结合现实,联系党员干部的思想工作生活实际,要求党员干部在现实工作和生活实践中坚守共产党人信仰信念宗旨,正确处理公与私、义与利、个人与组织、个人与群众的关系,努力追求高尚道德、带头践行社会主义核心价值观、保持积极健康的生活方式。学习教育针对不同群体党员实际情况,提出党员发挥作用的具体要求,教育引导党员在任何岗位、任何地方、任何时候、任何情况下都铭记党员身份,敬业修德,奉献社会。学习教育注重运用身边事例,发挥先进典型示范作用,抓住"关键少数",促进领导干部忠诚干净担当、发挥表率作用,促进广大党员以身作则、发挥先锋模范作用。

(三)"不忘初心、牢记使命"主题教育

2017年10月,党的十九大召开,习近平总书记在报告中强调:"不忘初心,方得始终。中国共产党人的初心和使命,就是为中国人民谋幸福,为中华民族谋复兴。这个初心和使命是激励中国共产党人不断前进的根本动力。全党同志一定要永远与人民同呼吸、共命运、心连心,永远把人民对美好生活的向往作为奋斗目标"[1],并指

---

[1]《习近平谈治国理政》第3卷,外文出版社2020年版,第1—2页。

读懂为政以德

出:"弘扬马克思主义学风,推进'两学一做'学习教育常态化制度化,以县处级以上领导干部为重点,在全党开展'不忘初心、牢记使命'主题教育,用党的创新理论武装头脑,推动全党更加自觉地为实现新时代党的历史使命不懈奋斗。"[1]2019年5月底开始,"不忘初心、牢记使命"主题教育在全党自上而下分两批进行,广大党员和干部积极投入,教育活动也得到了人民群众的热情支持。

第一,党员和干部深入学习实践习近平新时代中国特色社会主义思想,提高了知信行合一能力。广大党员和干部带着责任、带着问题读原著学原文,深学细悟、研机析理,加深理解和领会,强化了理想信念和使命担当,较好解决了学习不深入、落实不到底的问题。

第二,党员和干部的思想道德受到锤炼,增强了守初心、担使命的思想自觉、道德自觉和行动自觉。这次主题教育通过学习党史、新中国史,开展革命传统教育,重温入党誓词、重忆入党经历、重问入党初心,引导党员和干部对照党章党规,对照人民群众新期待,对照先进典型、身边榜样,找差距、摆问题,以刀刃向内的精神开展批评和自我批评,叩问初心变没变、使命担没担,增强了为党分忧、为国奉献、为民造福的责任感。

第三,党员和干部积极解决人民群众急、忧、盼的问题,强化了宗旨意识和为民情怀。在这次主题教育中,广大党员和干部深入基层,积极回应人民群众的关切,解决人民群众最关心、最现实的

---

[1] 《习近平谈治国理政》第3卷,外文出版社2020年版,第49—50页。

利益问题，特别是解决人民群众看病难、上学难、就业难、住房难等操心事和揪心事，以看得见的变化回应人民群众的期盼，使人民群众话有地方说，干部的面经常能见到，以前难办的事有人去办，提升了人民群众的获得感、幸福感、安全感。

第四，党员和干部深入进行清正廉洁教育，涵养风清气正的政治生态。在这次主题教育中，党员和干部回看走过的路、远眺前行的路，进一步思考我是谁、为了谁、依靠谁的问题，不断增强忠诚担当的主动性和自觉性。主题教育还发挥先进典型示范激励作用，开展反面典型警示教育，以案示警、以案明纪，促进党员和干部知敬畏、守底线，提升公正用权、依法用权、廉洁用权的自觉性，密切党群干群关系，不断增强党的先进性和纯洁性。

"不忘初心、牢记使命"主题教育是新时代中国共产党深化自我革命、推动全面从严治党的生动实践，促进了党在思想上的统一、道德上的自觉、行动上的一致，呈现了党在新时代对为政以德的传承实践。

（四）党史学习教育

2021年2月，为了激励全党不忘初心、牢记使命，推动全党全社会学好党史、用好党史，从党的历史中汲取智慧和力量，用党的历史教育人、启迪人、感化人、鼓舞人，中国共产党决定在全党开展党史学习教育。中国共产党开展党史学习教育，就是要教育引导全党在开启第二个百年奋斗目标新征程的关键时刻，继续发扬彻底的革命精神,坚持全面从严治党永远在路上,保持"赶考"的清醒。

党史学习教育旨在引导党员和干部学史明理、学史增信、学史崇德、学史力行。一是学史明理,教育引导党员和干部领悟中国共产党为什么能、马克思主义为什么行、中国特色社会主义为什么好等道理,从历史中寻经验、求规律、启智慧。二是学史增信,教育引导党员和干部增强对马克思主义、共产主义的信仰,对中国特色社会主义的信念,对实现中华民族伟大复兴的信心。三是学史崇德,教育引导党员和干部涵养高尚道德品质,崇尚对党忠诚的大德、造福人民的公德、严于律己的品德,做到始终忠于党、忠于人民。四是学史力行,教育引导党员和干部坚持在锤炼党性上力行、在为民服务上力行,增强为民服务的本领,把握历史主动,始终保持和践行共产党人的本色。

在党史学习教育中,特别强调党员和干部要做到学史崇德,传承红色基因,涵养高尚的道德品质。一是要崇尚对党忠诚的大德,教育引导党员和干部不能忘记入党时所作的对党忠诚、永不叛党的誓言,做到始终忠于党和人民、忠于党和人民的事业。二是要崇尚造福人民的公德,教育引导党员和干部站稳人民立场,始终同人民风雨同舟、生死与共,把造福人民作为最根本的职责。三是要崇尚严于律己的品德,教育引导党员和干部慎微慎独,清清白白做人、干干净净做事,努力做一个高尚的人、一个纯粹的人、一个有道德的人、一个脱离了低级趣味的人、一个有益于人民的人。

第三章
中国共产党对为政以德的实践探索及其经验

为推动党史学习教育常态化长效化，充分发挥党史以史鉴今、资政育人的作用，2024年2月，中国共产党发布了《党史学习教育工作条例》。《党史学习教育工作条例》以党章为根本依据，对党史学习教育的主要任务、基本原则、领导体制和工作职责、学习教育的内容、学习教育的主要方式等作出了规范，为持续开展党史学习教育提供了基本遵循，是党传承发展为政以德思想、重视思想政治教育和道德建设的重要体现。

（五）强调和培育社会主义核心价值观

回顾人类社会发展的历史可以看到，对一个民族、一个国家来说，最持久、最深层的力量是全社会共同认可的核心价值观，其承载着一个民族、一个国家的精神追求，体现着一个社会评判是非曲直的价值标准。习近平总书记指出："核心价值观，其实就是一种德，既是个人的德，也是一种大德，就是国家的德、社会的德。国无德不兴，人无德不立。如果一个民族、一个国家没有共同的核心价值观，莫衷一是，行无依归，那这个民族、这个国家就无法前进。"[1]确立反映全国各族人民共同认同的价值观"最大公约数"，使全体人民同心同德、团结奋进，关乎国家前途命运，关乎人民幸福安康。党的十八大提出要倡导富强、民主、文明、和谐，倡导自由、平等、公正、法治，倡导爱国、敬业、诚信、友善，积极培育和践行社会主义核心价值观。习近平总书记指出，社会主义核心价值观

---

[1]《习近平谈治国理政》第1卷，外文出版社2018年版，第168页。

读懂为政以德

传承着中华优秀传统文化的基因，寄托着近代以来中国人民上下求索、历经艰辛确立的理想和信念，承载着当代中国人民的美好愿景，把涉及国家、社会、公民的价值要求融为一体，既体现了社会主义本质要求，继承了中华优秀传统文化，也吸收了世界文明有益成果，体现了时代精神，"回答了我们要建设什么样的国家、建设什么样的社会、培育什么样的公民的重大问题"。[1]

社会主义核心价值观是当代中国精神的集中体现，凝结着全体人民共同的价值追求。因此，习近平总书记在党的十九大报告中强调，要以培养担当民族复兴大任的时代新人为着力点，强化教育引导、实践养成、制度保障，发挥社会主义核心价值观对国民教育、精神文明创建的引领作用，实施公民道德建设工程，推进社会公德、职业道德、家庭美德、个人品德建设，激励人们向上向善、孝老爱亲、忠于祖国、忠于人民，把社会主义核心价值观融入社会发展各方面，转化为人们的情感认同和行为习惯，提高人民思想觉悟、道德水准、文明素养，提高全社会文明程度。在社会的思想道德建设中，习近平总书记尤为重视青年的品德修为锤炼，他在纪念五四运动100周年大会上中指出："新时代中国青年要自觉树立和践行社会主义核心价值观，善于从中华民族传统美德中汲取道德滋养，从英雄人物和时代楷模的身上感受道德风范，从自身内省中提升道德修为，明大德、守公德、严私德，自觉抵制拜金主义、享乐主义、极端个人主义、历史虚无主义等错误思想，追求更有高度、更有境界、

---

[1]《习近平谈治国理政》第1卷，外文出版社2018年版，第168页。

更有品位的人生，让清风正气、蓬勃朝气遍布全社会！"①在习近平总书记看来，青年阶段是价值观形成和确定的关键时期，党和国家要引导青年扣好人生的第一粒扣子，推动思想政治理论课改革创新，落实好立德树人的根本任务，教育引导青年勤学、修德、明辨、笃实，使社会主义核心价值观成为青年的基本遵循，并通过青年的身体力行将其推广到全社会，构筑社会新的道德风尚。

二、建设"德才兼备、以德为先"的高素质干部队伍

"尚贤者，政之本也。""为政之要，莫先于用人。"中国共产党传承发展为政以德的思想智慧，高度重视选贤任能，坚持好干部标准，坚持德才兼备、以德为先的选人用人导向，坚持五湖四海、任人唯贤，广开进贤之路，把选人用人作为关系党和人民事业的关键性、根本性问题来抓，建立以德为先、任人唯贤、人事相宜的选拔任用体系，塑造高素质干部队伍。

2018年3月10日，习近平总书记参加十三届全国人大一次会议重庆代表团的审议时提出领导干部要讲政德，政德是整个社会道德建设的风向标，立政德就要明大德、守公德、严私德。明大德就是要铸牢理想信念、锤炼坚强党性，在大是大非面前旗帜鲜明，在风浪考验面前无所畏惧，在各种诱惑面前立场坚定；守公德就是要

---

① 《习近平谈治国理政》第3卷，外文出版社2020年版，第337页。

读懂为政以德

强化宗旨意识，全心全意为人民服务，恪守立党为公、执政为民理念，自觉践行人民对美好生活的向往就是党的奋斗目标的承诺；严私德就是要严格约束自身的操守和行为，戒贪止欲、克己奉公、廉洁修身、廉洁齐家，切实把人民赋予的权力用来造福于人民。为了使党员干部能够做到讲政德、明大德、守公德、严私德，习近平总书记强调要多积尺寸之功，从小事小节上加强修养，严以修身，慎独慎初慎微慎欲，正心明道，管好党员干部自身的生活圈、交往圈、娱乐圈，始终不放纵、不越轨、不逾矩，增强拒腐防变的免疫力。习近平总书记还强调"为政之道，修身为本"，指出"干部的党性修养、道德水平，不会随着党龄工龄的增长而自然提高，也不会随着职务的升迁而自然提高"[1]，要求党员干部"涵养道德操守，明礼诚信，怀德自重，保持严肃的生活作风、培养健康的生活情趣"，"处理好公和私、义和利、是和非、正和邪、苦和乐关系"，"涵养政治定力，炼就政治慧眼，恪守政治规矩，自觉做政治上的明白人、老实人"，"树立正确的权力观、地位观、利益观"[2]。

在中国特色社会主义新时代，中国共产党通过加强思想淬炼、政治历练、实践锻炼、专业训练，促进党员干部严格按照制度履行职责、行使权力、开展工作，打造一支德才兼备的干部队伍。一是严把政治关、廉洁关，杜绝政治上、廉洁上有问题的人蒙混过关、投机得逞。二是严把素质能力关，围绕党和人民的事业发展需要来

---

[1]《习近平谈治国理政》第3卷，外文出版社2020年版，第521页。
[2]《习近平谈治国理政》第3卷，外文出版社2020年版，第521页。

第三章
中国共产党对为政以德的实践探索及其经验

选拔任用干部,把愿干事、真干事和能干成事的干部发现出来、任用起来。三是加强干部教育培训,使干部的政治素养、理论水平、专业能力、实践本领、道德境界跟上新时代发展的要求和步伐。四是深化干部制度改革,完善管思想、管工作、管作风、管纪律的从严管理机制,形成能者上、优者奖、庸者下、劣者汰的导向。五是建立健全干部担当作为的激励和保护机制,为勇于负责的干部负责、为勇于担当的干部担当、为敢抓敢管的干部鼓劲。

"人不率则不从,身不先则不信。""君子之德风,小人之德草,草上之风必偃。"领导机关是国家治理体系中的重要机关,领导干部是党和人民事业发展的"关键少数",对践行为政以德具有关键作用,对全党全社会具有风向标的功用。党的十八大以来,中国共产党建设高素质的领导干部队伍,首先就体现在中央委员会、中央政治局及其常委会的建设上,制定的各项党内法规都对中央领导同志提出了更高标准,要求中央领导同志在守纪律讲规矩、履行管党治党责任等方面为全党同志立标杆、作表率。中国共产党把中央和国家机关看作贯彻落实党中央决策部署的"最初一公里",要求中央和国家机关认真贯彻执行党组工作条例和党的工作机关条例,把中央和国家机关建设成为讲政治、守纪律、负责任、有效率的模范机关。

2013年6月,习近平总书记在全国组织工作会议上提出新时代好干部标准,坚持"德才兼备、以德为先"的选人用人导向。"尚贤者,政之本也","为政之要,莫先于用人",是为政以德的内在蕴涵和应有之义。中国共产党历来重视选贤任能,始终把选人用

读懂为政以德

人作为关系党和人民事业的根本性问题来对待。党的十八大以来，习近平总书记对新时代好干部标准发表了一系列重要论述，为新时代党的选人用人、选贤任能指明了方向。习近平总书记指出："好干部的标准，大的方面说，就是德才兼备。同时，好干部的标准又是具体的、历史的。不同历史时期，对干部德才的具体要求有所不同。"① 在中国特色社会主义新时代，习近平总书记从政治上靠得住、工作上有本事、作风上过得硬、人民群众信得过等维度提出了好干部的标准及阐释其时代内涵。总体而言，新时代好干部要做到信念坚定、为民服务、勤政务实、敢于担当、清正廉洁，习近平总书记尤为重视理想信念坚定，把理想信念坚定看作是好干部第一位的标准，强调理想信念是共产党人精神上的"钙"，理想信念坚定，骨头就硬，没有理想信念，或理想信念不坚定，精神上就会"缺钙"，就会得"软骨病"。

在中国共产党第十九次全国代表大会上的报告中，习近平总书记进一步指出："坚持德才兼备、以德为先，坚持五湖四海、任人唯贤，坚持事业为上、公道正派，把新时代好干部标准落到实处。坚持选人用人正确导向，匡正选人用人风气，突出政治标准，提拔重用牢固树立'四个意识'和'四个自信'、坚持维护党中央权威、全面贯彻执行党的理论和路线方针政策、忠诚干净担当的干部，选优配强各级领导班子。"② 选人用人是党内政治生活的风向标，端正用人

---

① 《习近平谈治国理政》第 1 卷，外文出版社 2018 年版，第 412 页。
② 《习近平谈治国理政》第 3 卷，外文出版社 2020 年版，第 50 页。

第三章
中国共产党对为政以德的实践探索及其经验

导向是严肃党内政治生活的治本之策。习近平总书记强调要落实好干部标准,严把政治关、品行关、作风关、廉洁关,真正让忠诚干净担当、为民务实清廉的干部得到褒奖和重用。他提出选人用人首先要知人,对干部的认识不能停留在感觉和印象上,须健全考察机制和办法,多渠道、多层次、多侧面深入了解;其次要近距离接触干部,观察干部的见识见解、品质情怀、境界格局、能力水平,多到基层干部群众中、多在乡语口碑中了解干部,既要在"大事"上看德,又要在"小节"中察德;再次要坚持全面、历史、辩证看干部,注重一贯表现和全部工作,既看发展又看基础,既看显绩又看潜绩;最后要科学合理使用干部,用当其时、用其所长,从工作需要出发,以事择人,举荐人才不拘一格,使用人才各尽其能。在习近平总书记看来,"用一贤人则群贤毕至,见贤思齐就蔚然成风。选什么人就是风向标,就有什么样的干部作风,乃至就有什么样的党风"①。

德法并重是为政以德的重要内蕴和思想智慧。我国法制文明历史源远流长。经过长期发展演进,中华法系成长为在世界法制史上独树一帜的法律体系,显示了中华民族的创造力和中华法制文明的深厚底蕴。习近平总书记指出:"中华法系凝聚了中华民族的精神和智慧,有很多优秀的思想和理念值得我们传承。出礼入刑、隆礼重法的治国策略,民惟邦本、本固邦宁的民本理念,天下无讼、以和为贵的价值追求,德主刑辅、明德慎罚的慎刑思想,援法断罪、罚

---

① 《习近平谈治国理政》第1卷,外文出版社2018年版,第418页。

读懂为政以德

当其罪的平等观念,保护鳏寡孤独、老幼妇残的恤刑原则,等等,都彰显了中华优秀传统法律文化的智慧。"①习近平总书记在传承中华优秀传统法治文化中的道德智慧,汲取世界法治文明有益成果,总结中国特色社会主义法治实践规律的基础上,强调必须坚持依法治国和以德治国相结合,对新时代的法治与德治关系作了深刻的阐析。他指出,法律是成文的道德,道德是内心的法律,法安天下,德润人心,法律和道德都具有规范社会行为、调节社会关系、维护社会秩序的作用,"治理国家、治理社会必须一手抓法治、一手抓德治,既重视发挥法律的规范作用,又重视发挥道德的教化作用,实现法律和道德相辅相成、法治和德治相得益彰"②。

实现法治与德治的相得益彰,习近平总书记强调,一方面要发挥好法律的规范作用,以法治体现道德理念、强化法律对道德建设的促进作用。道德是法律的基础,只有合乎道德、具有深厚道德基础的法律才能为更多人所自觉遵行。法律是道德的保障,可以通过强制性规范人们行为、惩罚违法行为来引领社会道德风尚。他还指出要注意把一些基本道德规范转化为法律规范,使法律法规更多体现道德理念和人文关怀,通过法律的强制力来强化道德作用、确保道德底线,推动全社会道德素质提升。另一方面,习近平总书记强调要发挥好道德的教化作用,以道德滋养法治精神、强化道德对法治文化的支撑作用。好的法律亦须转化为人们内心自觉才能真正为

---

① 《习近平谈治国理政》第 4 卷,外文出版社 2022 年版,第 290 页。
② 《习近平谈治国理政》第 2 卷,外文出版社 2017 年版,第 116 页。

人们所遵行，没有道德滋养，法治文化就缺乏源头活水，法律实施就缺乏坚实社会基础。因此，他指出，"在推进依法治国过程中，必须大力弘扬社会主义核心价值观，弘扬中华传统美德，培育社会公德、职业道德、家庭美德、个人品德，提高全民族思想道德水平，为依法治国创造良好人文环境"①。

中国共产党在新时代坚持依法治国和以德治国相结合，发挥干部在依法治国和以德治国中的关键作用，建设忠于党、忠于国家、忠于人民、忠于法律的法治干部工作队伍。一方面，加强理想信念教育，开展社会主义核心价值观和社会主义法治理念教育，推进法治干部队伍专业化，提高职业素养和专业水平，提高运用法治思维和法治方式深化改革、推动发展、化解矛盾、维护稳定的能力。另一方面，坚持立德树人，德法兼修，把创新法治干部人才培养机制、培养高素质法治干部人才及后备力量作为全面依法治国的关键，要求干部既应该做道德建设的积极倡导者和示范者，又应该做全面依法治国的重要组织者和推动者，以实际行动带动全社会崇德向善、尊法守法。

三、全面从严治党，推进新时代党的建设新的伟大工程

在中国特色社会主义新时代，中国共产党坚持打铁必须自身硬，

---

① 《习近平谈治国理政》第2卷，外文出版社2017年版，第117页。

读懂为政以德

从制定和落实中央八项规定开局破题，提出和落实新时代党的建设总要求，全面从严治党，持续推进新时代党的建设新的伟大工程。在新时代，中国共产党以党的政治建设统领党的建设各项工作，坚持思想建党和制度治党同向发力，严肃党内政治生活，持之以恒正风肃纪，以钉钉子精神纠治"四风"，反对特权思想和特权现象，坚决整治群众身边的不正之风和腐败问题，形成比较完善的党内法规体系，推动全党坚定理想信念、严密组织体系、严明纪律规矩。经过探索实践，中国共产党找到了自我革命这一跳出治乱兴衰历史周期率的第二个答案，不断增强党自我净化、自我完善、自我革新、自我提高的能力，不断提升党员的思想政治素养和道德境界，逐渐构建起风清气正的党内政治生态，确保党不变质、不变色、不变味。

其一，尊崇党章，严格执行党章的准则和条例。中国共产党全面从严治党的首要的和基本的要求是尊崇党章。党章总纲明确提出"全面从严治党"，这是党的建设的根本方针，也是党践行和发展为政以德的内在要求。党章第三十七条规定"党组织必须严格执行和维护党的纪律"，这是对主体责任的具体要求。各级党委要在思想认识、行为方式上跟上全面从严治党的战略部署与要求，把纪律挺在前面，发现问题就要提提领子、扯扯袖子，使红红脸、出出汗成为常态。

其二，持之以恒正风肃纪，弘扬好传统和好作风。作风问题本质上是党性问题，能不能解决好作风问题，是衡量对马克思主义信仰、对社会主义和共产主义信念、对党和人民忠诚的一把重要尺子。

第三章
中国共产党对为政以德的实践探索及其经验

党的十八大以来，中国共产党持之以恒加强作风建设，中央八项规定就是擦亮党的作风建设的一张"金色名片"。2012年12月，中共中央政治局会议审议通过《十八届中央政治局关于改进工作作风、密切联系群众的八项规定》。从"舌尖上的浪费""月饼里的奢华"到"会所里的歪风""车轮上的腐败"，一系列问题得到纠正与解决，可以说是短短600多字的中央八项规定"一子落"，作风建设"满盘活"。在中央八项规定的铁规矩基础上，中国共产党毫不松懈纠治"四风"，对形式主义、官僚主义毫不妥协，对人民群众反映强烈的歪风陋习保持高压态势，用铁的纪律整治各种顶风违纪行为。"将教天下，必定其家，必正其身。"中国共产党在作风建设上还强调返璞归真、固本培元，在加强党员党性修养的同时，弘扬中华优秀传统文化，重视党员的家庭、家教、家风建设，把好传统和好作风弘扬在新时代。

为了抓好党的作风建设，发扬党的优良传统，习近平总书记提出"三严三实"的要求，即"严以修身、严以用权、严以律己，又谋事要实、创业要实、做人要实"。"严以修身，就是要加强党性修养，坚定理想信念，提升道德境界，追求高尚情操，自觉远离低级趣味，自觉抵制歪风邪气。严以用权，就是要坚持用权为民，按规则、按制度行使权力，把权力关进制度的笼子里，任何时候都不搞特权、不以权谋私。严以律己，就是要心存敬畏、手握戒尺，慎独慎微、勤于自省，遵守党纪国法，做到为政清廉。谋事要实，就是要从实际出发谋划事业和工作，使点子、政策、方案符合实际情况、

读懂为政以德

符合客观规律、符合科学精神，不好高骛远，不脱离实际。创业要实，就是要脚踏实地、真抓实干，敢于担当责任，勇于直面矛盾，善于解决问题，努力创造经得起实践、人民、历史检验的实绩。做人要实，就是要对党、对组织、对人民、对同志忠诚老实，做老实人、说老实话、干老实事，襟怀坦白，公道正派。"①

其三，开展史无前例的反腐败斗争，保持中国共产党的廉洁本色。反对腐败、建设廉洁政治，是中国共产党的鲜明政治立场，也是坚持党的性质和宗旨、践行发展为政以德思想的必然要求。党的十八大以来，中国共产党以"得罪千百人、不负十四亿"的使命担当祛疴治乱，坚持无禁区、全覆盖、零容忍，坚持不敢腐、不能腐、不想腐一体推进，"打虎""拍蝇""猎狐"多管齐下，反腐败斗争取得压倒性胜利并全面巩固，确保党和人民赋予的权力始终用来为人民谋幸福。在反对腐败、建设廉洁政治的过程中，党还深入剖析严重违纪违法干部的典型案例，以案为鉴、以案促改，发挥警示、震慑、教育作用，引导党员和干部正确处理自律和他律、信任和监督、职权和特权、原则和感情的关系，筑牢拒腐防变的思想道德防线，以反腐败凝聚党心民心，厚植党执政的政治基础，保持党清正廉洁的本色。

其四，完善党内法规制度体系，为管党治党和党员行为提供规范准则。在中国特色社会主义新时代，中国共产党先后制定和修订了新形势下党内政治生活若干准则、党组工作条例、党的工作机关

---

① 《习近平谈治国理政》第 1 卷，外文出版社 2018 年版，第 381—382 页。

条例、支部工作条例以及农村、国企、机关基层党组织工作条例等一系列组织建设方面的党内法规。2016年1月开始实施的《中国共产党廉洁自律准则》和《中国共产党纪律处分条例》，明确了党员追求的高标准和管党治党的戒尺。2016年10月，党的十八届六中全会通过的《关于新形势下党内政治生活的若干准则》和《中国共产党党内监督条例》，是全面从严治党实践形成的一系列规定和举措的系统化。《关于新形势下党内政治生活的若干准则》针对党内存在的突出矛盾和问题，从严明党的政治纪律、保持党同人民群众的血肉联系、严格党的组织生活制度等方面作出规定，既指出病症，也开出药方，既有治标举措，也有治本方略。《中国共产党党内监督条例》是新形势下加强党内监督的顶层设计，是规范党内监督的基本法规，也是规范党员和干部行为的硬约束。此外，党把法规要求具体化，建立健全包括组织生活、组织管理、组织监督等在内的完整组织制度体系，不断提高新时代党的建设的制度化和规范化水平。

四、建设社会主义法治国家，坚持依法治国和以德治国相结合

在为政以德的视野中，"德"与"法"相辅相成、相得益彰，二者都具有规范社会行为、调节社会关系、维护社会秩序的作用，二者不可分离、不可偏废，国家治理需要二者协同发力。在中国特色

读懂为政以德

社会主义新时代，中国共产党基于现代社会的治理特点，全面推进依法治国，建设社会主义法治国家，同时传承发展中华传统文化中为政以德的德治智慧，把依法治国和以德治国结合起来，使法治和德治相得益彰。

其一，坚定不移走中国特色社会主义法治道路，坚定坚持党的全面领导、保证人民当家作主的基本立场。2014年10月，党的十八届四中全会召开，这是中共中央全会首次专题研究全面推进依法治国重大问题。全会通过了《中共中央关于全面推进依法治国若干重大问题的决定》，提出坚持走中国特色社会主义法治道路，建设中国特色社会主义法治体系，并提出实现建设中国特色社会主义法治体系、建设社会主义法治国家的全面依法治国总目标要遵循坚持中国共产党的领导、坚持人民主体地位、坚持法律面前人人平等、坚持依法治国和以德治国相结合、坚持从中国实际出发的基本原则。中国共产党始终坚持以人民为中心，坚持法治为了人民、依靠人民、造福人民，把体现人民利益、反映人民愿望、增进人民福祉落实到法治体系建设全过程中。聚焦人民群众急盼，对人民群众反映强烈的电信网络诈骗、新型毒品犯罪和"食药环"犯罪等突出问题，对资本无序扩张、平台经济和数字经济野蛮生长、缺乏监管的新问题，从完善法律入手进行规制，补齐监管漏洞和短板，满足人民群众对民主、法治、公平、正义、安全、环境等方面日益增长的要求。

其二，建设社会主义法治文化，推动法治和德治的相互促进。在新时代，中国共产党把全民普法和守法作为依法治国的长期基础

第三章
中国共产党对为政以德的实践探索及其经验

性工作,把法治教育纳入国民教育体系和精神文明创建内容,在全社会弘扬社会主义法治精神,建设社会主义法治文化,完善守法诚信褒奖机制和违法失信行为惩戒机制,使人民群众认识到法律既是保障自身权利的有力武器,也是必须遵守的行为规范,形成守法光荣、违法可耻的社会氛围,使尊法守法成为全体人民的共同追求和自觉行动。在建设社会主义法治文化的基础上,中国共产党积极促进法治和德治的互动。2018年5月,中共中央印发《社会主义核心价值观融入法治建设立法修法规划》,把社会主义核心价值观融入法律法规的立、改、废、释全过程,筑牢全国各族人民团结奋斗的共同思想道德基础,使社会主义法治成为良法善治。2019年10月,党的十九届四中全会明确提出要完善弘扬社会主义核心价值观的法律政策体系,把社会主义核心价值观要求融入法治建设和社会治理。

其三,建设德才兼备的法治工作队伍,为全面依法治国提供人才和思想道德支撑。全面推进依法治国需要建设一支德才兼备的高素质法治队伍。我国专门的法治队伍主要包括在人大和政府从事立法工作的人员,在行政机关从事执法工作的人员,在司法机关从事司法工作的人员。立法、执法、司法这三支队伍既有共性又有个性。立法是为国家定规矩、为社会定方圆的神圣工作,共同汇聚成推进全面依法治国的磅礴力量。立法人员须具有很高的思想政治素质,具备遵循规律、发扬民主、加强协调、凝聚共识的能力。执法是把纸面上的法律变为现实生活中活的法律的关键环节,执法人员须忠于法律、捍卫法律,严格执法、敢于担当。司法是社会公平正义的最后一道防线，司法人员须信仰法律、坚守法治，铁面无私、秉公司法。中国共产党按照政治过硬、纪律过硬、作风过硬的要求，教育和引导立法、执法、司法工作者牢固树立社会主义法治理念，恪守职业道德，进而引导广大群众自觉守法、遇事找法、解决问题靠法。

五、倡导共生并进，推动构建人类命运共同体

为政以德的思想理念尊崇道德，蕴含着明德弘道、义利兼顾、讲信修睦、亲仁善邻、天下大同的价值元素，在中华民族的历史发展中塑造了中华文明的包容性与和平性，决定了中华文化对世界文明兼收并蓄的开放胸怀，决定了中国不断追求文明交流互鉴，倡导多边主义，反对霸权主义。在中国特色社会主义新时代，中国共产党立足五千多年中华文明，传承和创新发展为政以德的思想与智慧，倡导共生并进与保合太和，反对强人从己与丛林法则，引导国际社会共同塑造更加公正合理的国际新秩序，推动构建人类命运共同体。

其一，秉持亲、诚、惠、容的周边外交理念，与邻为善、以邻为伴。发展同周边国家睦邻友好关系是我国周边外交的一贯方针。党的十八大以来，我国坚持睦邻友好、守望相助，讲平等、重感情，常见面、多走动，诚心诚意对待周边国家，争取更多朋友和伙伴。一方面，本着互惠互利的原则同周边国家开展合作，编织更加紧密的共同利益网络，把双方利益融合提升到更高水平，让周边国家得

第三章
中国共产党对为政以德的实践探索及其经验

益于我国发展，使我国也从周边国家共同发展中获得裨益和助力。另一方面，倡导包容的思想，强调亚太之大容得下各国共同发展，以更加开放的胸襟和更加积极的态度促进地区合作，身体力行"亲、诚、惠、容"的理念，并使之成为地区国家遵循与秉持的共同理念和行为准则。

其二，坚持正确义利观，推进"一带一路"建设。2013年秋天，习近平主席在出访哈萨克斯坦和印度尼西亚时先后提出共建"丝绸之路经济带"和"21世纪海上丝绸之路"重大倡议，即"一带一路"倡议。2014年，宣布成立丝路基金——"一带一路"专项投资基金；2015年，对外发布《推动共建丝绸之路经济带和21世纪海上丝绸之路的愿景与行动》。古代丝绸之路既是一条贸易之路，也是一条友谊之路。在中华民族同其他民族的友好交往中，逐步形成了以和平合作、开放包容、互学互鉴、互利共赢为特征的丝绸之路精神。在中国特色社会主义新时代的背景下，中国共产党提出"一带一路"倡议，就是要发扬丝路精神，坚持正确义利观，以义为先、义利并举，把我国发展同共建国家发展结合起来，赋予古代丝绸之路以全新的时代内涵。十余年来，我国已与150多个国家、30多个国际组织签署了200多份共建"一带一路"合作文件，形成3000多个合作项目，打造了一个个"国家地标""民生工程""合作丰碑"，[①]在科学、教育、文化、民间交往等各领域广泛开展合作，在共建国

[①] 参见《共同把这条造福世界的幸福之路铺得更宽更远》，《人民日报》2023年10月15日。

家民众中形成相互欣赏、相互尊重的人文格局，夯实民意基础和社会根基，使"一带一路"建设具有广阔前景。

其三，坚持公平正义理念，推动构建人类命运共同体。构建新型国际关系和人类命运共同体是新时代中国外交追求的目标。中国共产党推动建设相互尊重、公平正义、合作共赢的新型国际关系，贯彻创新、协调、绿色、开放、共享的新发展理念，践行共同、综合、合作、可持续的安全观，坚持平等、互鉴、对话、包容的文明观，以文明交流、互鉴超越文明隔阂、冲突，以人类命运共同体汇聚世界各国人民对和平、发展、繁荣向往的最大公约数，推动构建平等公正的新型国际关系。党的十八大以来，我国以更积极的姿态参与全球治理，坚持多边主义，坚持共商共建共享、合作共赢，推动国际热点难点问题的政治解决进程，积极参加联合国维和行动，致力于落实气候变化《巴黎协定》和联合国2030年可持续发展议程，始终做世界和平的建设者、全球发展的贡献者、国际秩序的维护者，走出一条对话而不对抗、结伴而不结盟的国与国交往新路。

第五节　中国共产党对为政以德的百年探索经验

中国共产党自成立以来始终高度重视自身的道德建设，自觉将党的性质、宗旨、使命的理论逻辑与中国革命、建设、改革的实践逻辑相结合，构建起与马克思主义政党执政规律、社会主义建设规律、中国社会发展实际相契合的为政以德体系，塑造了百年大党的道德形象，强化了长期执政的合法性和正当性，积累了宝贵的历史经验。

一、坚持人民至上的核心价值理念

中国共产党成立伊始，就把全心全意为人民服务作为自己的宗旨，在百年历程中坚守人民至上的价值立场，坚持群众路线，把满足人民对美好生活的追求作为党的道德建设和党的自身建设的重要目标。《中共中央关于党的百年奋斗重大成就和历史经验的决议》指出："党的根基在人民、血脉在人民、力量在人民，人民是党执政兴国的最大底气。民心是最大的政治,正义是最强的力量。"① 坚持人民至上的价值理念、密切联系群众,是党的性质和宗旨的体现,是中国共产党区别于其他政党的显著标志,是党的最大政治优势,也是党对为政以德百年探索和实践的根本经验与启示。回顾中国共产党的百年历程,党正是始终秉持"江山就是人民、人民就是江山,打江山、守江山,守的是人民的心"②的理念,坚持群众是真正英雄的历史唯物主义观点,坚持植根人民、服务人民,与人民同呼吸、共命运,坚持立党为公、执政为民,不断推进对为政以德的现代转化和创新实践,不断领导人民开辟中国特色社会主义发展新境界,开创人类政治文明新形态。

二、坚持在"两个结合"中推进理论和实践创新

纵观中国共产党在不同历史时期的道德建设历程,中国共产党人始终坚持在"两个结合"中推进对为政以德的理论和实践创新。《中共中央关于党的百年奋斗重大成就和历史经验的决议》指出:"党之所以能够领导人民在一次次求索、一次次挫折、一次次开拓中完成中国其他各种政治力量不可能完成的艰巨任务,根本在于坚持解放思想、实事求是、与时俱进、求真务实,坚持把马克思主义基

---

① 《中共中央关于党的百年奋斗重大成就和历史经验的决议》,人民出版社2021年版,第66页。
② 习近平:《在庆祝中国共产党成立100周年大会上的讲话》,人民出版社2021年版,第11页。

第三章
中国共产党对为政以德的实践探索及其经验

本原理同中国具体实际相结合、同中华优秀传统文化相结合，坚持实践是检验真理的唯一标准，坚持一切从实际出发，及时回答时代之问、人民之问，不断推进马克思主义中国化时代化。"①

中国共产党关于道德建设的理论创新和实践开拓，是历代中国共产党人立足我国的具体国情，脚踏中华大地，运用马克思主义的基本立场、分析方法、价值取向，深入挖掘为政以德蕴含的思想观念、人文精神、道德规范，在古为今用、推陈出新的基础上结合时代要求传承创新的体现，是中国共产党人将中华优秀传统文化中的为政以德思想与马克思主义理论中的政德理念相结合的产物。马克思主义关于无产阶级政党的人民立场、宗旨使命、公仆理念、道德修养理论与中华优秀传统文化为政以德思想中的"以民为本""天下大同""正己修身""礼乐教化""德主刑辅""任德尚贤"等思想因素都为中国共产党关于道德建设的理论创新和实践开拓提供了丰厚滋养。

三、强化锻造全体党员特别是干部的道德自觉和担当

自成立以来，中国共产党就高度重视培育和锻造全体党员，特别是干部的道德自觉和担当，使之与党的道德建设、制度规范建设

---

① 《中共中央关于党的百年奋斗重大成就和历史经验的决议》，人民出版社2021年版，第66—67页。

形成良好互动。一方面,中国共产党注重党员个体的道德修养,通过理想信念学习教育来引导党员在生活工作实践、批评与自我批评中自觉运用党性原则、道德规范来涵养和锻造自我,强调理想信念是共产党人精神上的"钙",引导全体党员筑牢信仰之基、补足精神之钙、把稳思想之舵,使全体党员"保持严肃的生活作风、培养健康的生活情趣,特别是要增强自制力,做到慎独慎微"[1],修炼共产党人的"心学"。另一方面,中国共产党始终抓好"关键少数",突出干部队伍建设,坚持"德才兼备、以德为先"的干部任用标准,强化干部的道德自觉与勤政务实,把忠诚、干净、担当作为干部的"大德",强调"领导干部要努力成为全社会的道德楷模,带头践行社会主义核心价值观,讲党性、重品行、作表率"[2],要求干部坚守正道、坚守原则、坚守规矩,明大德、严公德、守私德,管好生活圈、交往圈、娱乐圈,涵养政治定力、恪守政治规矩,做到以信念、人格、实干立身,使干部成为推进党的道德建设和全社会文明风尚建设的中坚力量。

四、健全优化道德建设的制度规范体系

党的道德建设不仅需要有一以贯之的价值理念,还需要有健全的制度规范体系作为实践保障。邓小平曾指出,践行为人民服务的

---

[1]《习近平谈治国理政》第3卷,外文出版社2020年版,第521页。
[2]《习近平谈治国理政》第2卷,外文出版社2017年版,第135页。

第三章
中国共产党对为政以德的实践探索及其经验

宗旨,保持严守纪律、廉洁奉公的思想作风,除了传承中国共产党人的精神,还需要发挥制度的作用,"制度问题不解决,思想作风问题也解决不了"[①],唯有强化制度建设,才能为营造良好的政治风气和社会环境提供保障。在中国共产党道德建设的百年进程中,党始终把党的根本制度、基本制度、重要制度建设作为党的道德建设的重要组成部分,在党的制度建设中不断健全优化党的制度道德规范体系。特别是在中国特色社会主义新时代,中国共产党先后制定和修订了新形势下党内政治生活若干准则、党组工作条例、党的工作机关条例、支部工作条例等一系列组织建设方面的党内法规;党还把法规要求具体化,建立健全包括组织生活、组织管理、组织监督等在内的完整组织制度体系,强化党内制度约束,扎紧制度的笼子,不断提高党的建设的制度化和规范化水平,为管党治党和党员行为提供规范准则。在百年历程中,中国共产党坚持把道德建设与制度建设相统一,将人民至上的价值理念制度化、规范化,使价值伦理层次上的道德要求落实为责任伦理层面的实践要求,为人民至上、公平正义、实现人的全面发展的价值理念转化为党的实践行动提供良好的制度规范和环境。

---

① 《邓小平文选》第 2 卷,人民出版社 1994 年版,第 328 页。

04 第四章

新时代新征程继续践行为政以德

第四章
新时代新征程继续践行为政以德

　　为政以德追求"人文化成",具有推崇人文精神、强调道德伦理、崇尚和合大同的精神特质,同科学社会主义价值观主张具有高度契合性,在中华民族推进社会主义现代化建设的历史进程中不断得到创造性转化和创新性发展,彰显出鲜明的时代价值。在全面建设社会主义现代化国家的新征程上,我们要深入把握为政以德的精神特质,在"两个结合"中进一步发掘激活为政以德的文化资源,创新发展为政以德的思想智慧,更好发挥其在新时代新征程治国理政中的文化滋养作用。

读懂为政以德

第一节　坚持"两个结合"，传承为政以德思想智慧

2021年7月，习近平总书记在庆祝中国共产党成立100周年大会上指出："新的征程上，我们必须坚持马克思列宁主义、毛泽东思想、邓小平理论、'三个代表'重要思想、科学发展观，全面贯彻新时代中国特色社会主义思想，坚持把马克思主义基本原理同中国具体实际相结合、同中华优秀传统文化相结合，用马克思主义观察时代、把握时代、引领时代，继续发展当代中国马克思主义、21世纪马克思主义！"[①]在这里，习近平总书记首次提出"两个结合"的重大论断。2023年6月，在文化传承发展座谈会上，习近平总书记进一步深刻阐释了"两个结合"，特别是"第二个结合"的丰富蕴涵和重大意义，提出了"在新的起点上继续推动文化繁荣、建设文化强国、建设中华民族现代文明，是我们在新时代新的文化使命"[②]。为政以德是中华优秀传统文化的重要理念，体现了我国古代国家治理的

---

① 习近平：《在庆祝中国共产党成立100周年大会上的讲话》，人民出版社2021年版，第13页。
② 习近平：《在文化传承发展座谈会上的讲话》，《求是》2023年第17期。

第四章
新时代新征程继续践行为政以德

思想智慧，在新时代新征程上，我们要在"两个结合"中发掘和激活为政以德的文化资源，在发扬为政以德的思想智慧中建设中华民族现代文明。

一、在习近平新时代中国特色社会主义思想的引领下推进"两个结合"

习近平总书记在文化传承发展座谈会上指出："在五千多年中华文明深厚基础上开辟和发展中国特色社会主义，把马克思主义基本原理同中国具体实际、同中华优秀传统文化相结合是必由之路。"[1]"两个结合"是我们党在探索中国特色社会主义道路中得出的规律性认识，是我们推进马克思主义中国化时代化和充分运用中华优秀传统文化的宝贵资源来探索面向未来的理论和制度创新的根本途径。

首先，"结合"不是硬凑在一起的，马克思主义和中华优秀传统文化来源不同，但彼此存在高度的契合性。例如，为政以德的民本理念与马克思主义的人民立场相契合，为政以德的德治追求与马克思主义的社会治理理论相呼应，为政以德的大同理想与马克思主义的共产主义理想相融通，为政以德的选贤举能原则与马克思主义德才兼备的选人用人标准相一致。相互契合才能有机结合，正是在这个意义上，中国共产党既是马克思主义的坚定信仰者和践行者，又是中华优秀传统文化的忠实继承者和弘扬者。

---

[1] 习近平：《在文化传承发展座谈会上的讲话》，《求是》2023年第17期。

其次,"结合"不是"拼盘",不是简单的"物理反应",而是深刻的"化学反应",造就了一个有机统一的新的文化生命体。新的文化生命体具有中华文化的历史深蕴和马克思主义的时代活力,是二者相互依托、相互成就的文化结晶,使马克思主义成为中国的,中华优秀传统文化成为现代的。一方面,马克思主义是19世纪欧洲工业生产发展的思想产物,其作为一种理论之"魂"要在中国立足并在现实世界中发挥作用,需要实现中国化并与中华文化的生命体相融合。蕴含着为政以德等价值理念和道德规范的中华优秀传统文化为马克思主义提供了生命载体与情境、注入了民族文化内涵与表现形式,推动马克思主义不断实现中国化时代化的新飞跃。另一方面,包含为政以德等思想的中华传统文化是在农耕文明的历史情境下生成的,面对中国现代化建设的新的时代现实,需要传统文化理念的现代转化。这就需要运用马克思主义的世界观与方法论对中华优秀传统文化进行创造性转化、创新性发展,造就一个新的文化生命体。

再次,"结合"本身既是创新,同时开启了广阔的理论和实践创新空间。特别是"第二个结合"让中国人民掌握了思想和文化主动,并有力地作用于道路、理论和制度,比如中国共产党所开创的国家制度和国家治理体系与中华优秀传统文化中为政以德蕴含的民本理念、大同理想和德主刑辅的施政传统、任德尚贤的政治智慧都有深刻关联。"两个结合"表明中国共产党对中国道路、理论、制度的认识达到了新高度,党的历史自信、文化自信达到了新高度,党在传承中华优秀传统文化中推进文化创新的自觉性达到了新高度。

第四章
新时代新征程继续践行为政以德

习近平新时代中国特色社会主义思想是当代中国马克思主义、21世纪马克思主义，实现了马克思主义中国化时代化新的飞跃。习近平新时代中国特色社会主义思想深入总结了新时代中国特色社会主义实践的新鲜经验，是马克思主义基本原理同中国具体实际相结合、同中华优秀传统文化相结合的典范。习近平新时代中国特色社会主义思想坚守马克思主义的魂脉和中华优秀传统文化的根脉，把马克思主义基本原理同中华优秀传统文化相结合，既自觉用中华优秀传统文化充实马克思主义的文化生命，推动中国化马克思主义成为中华文化和中国精神的时代精华，又自觉用马克思主义的真理之光，激活中华优秀传统文化中富有生命力的优秀因子并赋予其新的时代内涵，使历史中国的厚底蕴与现实中国的新气象相融通，让马克思主义成为中国的，中华优秀传统文化成为现代的，让经由"结合"而形成的新文化成为中国式现代化的文化形态。作为习近平新时代中国特色社会主义思想的文化篇，习近平文化思想为我们担负起新时代新的文化使命提供了思想武器和行动指南。习近平文化思想彰显出的文化自觉、文化自信和文化担当，既是我们文化主体性的体现，也为我们坚守中华文化立场、立足当代中国现实，在守正创新中构筑中华文化新气象和发展中华文明的现代形态，奠定了深厚的理论基础。在新时代新征程上，我们要坚持以习近平新时代中国特色社会主义思想为指导，贯彻习近平文化思想，自觉坚持"两个结合"，为在新的起点上继承发展为政以德的政治智慧，并赋予其新的时代内涵，不断开辟中国之治新境界，交出一份不负人民的时代答卷。

二、在"两个结合"中发掘为政以德的文化资源

　　文化是一个国家、一个民族的灵魂,文化自信是更基本、更深沉、更持久的力量。历史和现实都表明,一个抛弃了自己历史文化的民族,不仅不可能发展起来,而且很可能上演一场历史悲剧。习近平总书记指出:"中华民族有着深厚文化传统,形成了富有特色的思想体系,体现了中国人几千年来积累的知识智慧和理性思辨。这是我国的独特优势。中华文明延续着我们国家和民族的精神血脉,既需要薪火相传、代代守护,也需要与时俱进、推陈出新。要加强对中华优秀传统文化的挖掘和阐发,使中华民族最基本的文化基因与当代文化相适应、与现代社会相协调,把跨越时空、超越国界、富有永恒魅力、具有当代价值的文化精神弘扬起来。要推动中华文明创造性转化、创新性发展,激活其生命力,让中华文明同各国人民创造的多彩文明一道,为人类提供正确精神指引。"[1] 在新时代新征程上,我们要坚持马克思主义的根本指导思想,把马克思主义基本原理同中国具体实际相结合、同中华优秀传统文化相结合,用马克思主义的真理力量激活中华文明,在去粗取精、去伪存真的基础上,坚持古为今用、推陈出新,从中华优秀传统文化中寻找源头活水,推动中华优秀传统文化同社会主义社会相适应,努力实现中华优秀

---

[1]《习近平谈治国理政》第 2 卷,外文出版社 2017 年版,第 340 页。

第四章
新时代新征程继续践行为政以德

传统文化的创造性转化、创新性发展，展示中华民族的独特精神标识，更好构筑中国精神、中国价值和中国力量。

在几千年的政治实践和文化发展中，中华民族形成了关于国家治理的为政以德思想，蕴含着民为邦本的民本理念、以德化人的德治主张、天下为公的大同理想、选贤与能的用人原则等，这些思想智慧是中华优秀传统文化的重要组成部分，是中华文明的精神体现，与马克思主义的人民立场、社会治理理论、共产主义理想、选人用人导向具有内在的融通之处。在新时代新征程，挖掘和传承为政以德的历史文化资源和思想智慧，不能简单地回到传统，而要在更强的历史主动中遵循"两个结合"，特别是"第二个结合"的内在要求与规律，运用马克思主义的分析方法、治理理念、价值导向激活其中"以民为本""正己修身""礼乐教化""德主刑辅""任德尚贤""天下大同"等富有生命力的因子，将为政以德中的先进性、超越性因素提炼出来，并赋予新的时代内涵，使之与中国特色社会主义社会相适应，为现代政治实践、法治国家建设、文明形态创新提供价值导向。

三、在传承为政以德的思想智慧中建设中华民族现代文明

为政以德于春秋时期由孔子正式提出，经过汉、唐、宋、明、清等历代政治家、思想家的不断丰富和积极推广，造就了中国古代

读懂为政以德

"修身、齐家、治国、平天下"的国家治理结构,对我国传统社会的伦理与政治生活产生了深远影响。正是对"人"的推重、对道德的彰显、对德性的崇尚,为政以德在两千多年的发展实践中,形成了以民为本的价值导向、正己修身的为政立场、礼乐教化的德治追求、德主刑辅的施政途径、任德尚贤的用人智慧,为当代中国道路和人类文明的发展提供着文化底蕴与精神价值。在全面建设社会主义现代化国家的新征程上,我们更要深入把握为政以德的精神特质,呈现中华民族的独特精神标识,展示中国道路的深厚文化底蕴和人类文明进步的中国智慧,推动建设中华民族现代文明。

其一,为中国式现代化提供文化基础。党的二十大报告指出,中国式现代化是人口规模巨大、全体人民共同富裕、物质文明和精神文明相协调、人与自然和谐共生、走和平发展道路的现代化,中国式现代化是中国共产党领导的社会主义现代化,既有各国现代化的共同特征,更有基于自己国情的中国特色。为政以德所内蕴的人文精神和德性传统,为中国式现代化提供了道德准则和价值理念,使中国式现代化以"人"为价值尺度,坚持物质文明、政治文明、精神文明、社会文明、生态文明的"五位一体"协调发展格局,推动人与社会的全面进步,推动构建人类命运共同体。为政以德为中国式现代化提供深厚的德性底蕴和人文基因,为中国式现代化破解西方现代性的工具理性和中心主义危机、扬弃与超越西方现代化道路提供精神资源,使中国走出一条具有中国特色和中国智慧的现代化发展之路,为人类实现现代化和创建文明新形态提供新的路径选

第四章 新时代新征程继续践行为政以德

择与价值理念。

其二,为中华民族伟大复兴提供精神力量。党的二十大报告指出,新时代新征程中国共产党的使命任务是团结带领全国各族人民全面建成社会主义现代化强国、实现第二个百年奋斗目标,以中国式现代化全面推进中华民族伟大复兴。党的二十大擘画了以中国式现代化全面推进中华民族伟大复兴的宏伟蓝图,中华民族正在复兴之路上昂首前行。人类的发展历史表明,一个民族的复兴总是以其文明传承、文化繁荣为前提和价值支撑的。习近平总书记在文艺工作座谈会上指出,"一个民族的复兴需要强大的物质力量,也需要强大的精神力量",中华文明源远流长、博大精深,是中华民族独特的精神标识,是当代中国文化的根基,是维系全世界华人的精神纽带,也是中国文化创新的宝藏。中华民族的伟大复兴内在地要求有中华文明的传承和复兴,中华文明在民族复兴实践中的创造性转化和创新性发展,成为中华民族凝聚力与创造力的精神源泉。为政以德的人文精神和价值理念,构建着中华民族的精神家园,维系着中华民族的团结统一,激励着中华民族的历史主动与文化自信,为中华民族伟大复兴提供精神动力与价值引领,增强中华儿女的文化认同、文明认同和做中国人的志气、骨气、底气。

其三,推动建设中华民族现代文明。建设中华民族现代文明既是中国式现代化的内在要求,又是中华民族伟大复兴的价值追求,体现着中国式现代化与中华民族伟大复兴的重大意义。西方现代文明按照"文明"与"野蛮"、"先进"与"落后"的高低优劣标准把

读懂为政以德

世界划分为"西方世界"和"非西方世界",潜含着一种非此即彼的二元对立逻辑,导致了世界不同国家、不同文明、不同文化之间的割裂、对立与对抗,与世界和平、发展的要求和愿景相悖。与西方现代文明不同,蕴含为政以德思想的中华文明崇尚人文关怀与德性实践,自古就以开放包容闻名于世,在同其他文明的交流互鉴中不断焕发新的生命力。推崇为政以德的中华文明蕴含着求同存异、和而不同、包容共生的价值诉求,彰显出深厚的人文主义情怀,在全球范围内日益为人们所认知和认可。为政以德把"人"作为价值尺度,以培育理想人格和推进社会和谐进步为目标追求,具有超越种族与地域界限的普遍性品质,蕴含着全人类共同价值。为政以德重人文、尚和合、求大同,在推动中国式现代化发展和中华民族伟大复兴的同时,以平等、互鉴、对话、包容的理念推动中华民族现代文明和人类文明新形态的构建和实践。

习近平总书记在纪念孔子诞辰2565周年国际学术研讨会上指出:"只有坚持从历史走向未来,从延续民族文化血脉中开拓前进,我们才能做好今天的事业。"为政以德扎根于中华民族的生存和文化土壤,凝聚着中华民族的独特智慧与精神追求,是中华民族发展进步的不竭滋养。我们只有坚守中华文化立场,增强历史主动与文化自信,把握为政以德的丰富蕴涵和精神特质,深入发掘与践行为政以德蕴含的思想理念、人文精神、道德规范,才能更好展现为政以德的时代价值和影响力感召力,在建设中华民族现代文明的新征程上构筑中国精神、中国价值和中国力量。

第四章
新时代新征程继续践行为政以德

第二节　突出党性修养，推动新时代政德建设

为政以德是我国传统政治文化的智慧结晶，意在以"政者正也"的政德基础，推行"道之以德"的为政治国之道，从而达致"修己以安百姓"和"天下大同"的德政目标。为政以德尤为重视和强调"政者正也"的政德，政德在为政以德中具有基础性和关键性的作用。中国共产党作为全心全意为人民服务的马克思主义执政党，十分重视政德建设，把政德建设纳入党的建设的总体部署。习近平总书记一直强调党员干部修身立德的重要性，特别是2018年3月，他在参加十三届全国人大一次会议重庆代表团的审议时，明确提出"领导干部要讲政德"，强调"政德是整个社会道德建设的风向标"，"立政德，就要明大德、守公德、严私德"。习近平总书记提出的"明大德、守公德、严私德"新时代政德观，形象展现了中国共产党作为马克思主义使命型政党的属性，清晰界定了党员干部从政履职过程中的各种伦理关系，明确了各个层面的道德内涵，回答了什么是政德、为什么要立政德、怎样立政德等重大问题，为党员干部加强政德修养提供了根本遵循。在新征程上，中国共产党肩负

的新使命决定我们应当更加重视政德建设，持之以恒推进全面从严治党，深入推进新时代党的建设新的伟大工程，牢记初心使命，坚定理想信念，时刻自重自省，严守纪法规矩，使中国共产党始终成为中国特色社会主义事业的坚强领导核心。

一、明大德：增强理想信念与党性修养

习近平总书记指出，明大德，就是要铸牢理想信念、锤炼坚强党性，在大是大非面前旗帜鲜明，在风浪考验面前无所畏惧，在各种诱惑面前立场坚定。"明大德"强调讲政治、有信念，这既是由党的自身性质所决定，又反映了党的十八大以来以德治党理念的深化。在全面建设社会主义现代化国家的新征程上，践行以理想信念和党性修养为核心内涵的"大德"，一方面要坚定理想信念，筑牢信仰之基。理想信念是德之大者，是政德系统中最关键、最重要的"主心骨"，决定着政德的根本性质。对马克思主义、共产主义的信仰，对社会主义的信念，是共产党人精神上的"钙"。没有理想信念，理想信念不坚定，精神上就会得"软骨病"，就会在风雨面前东摇西摆。特别是在改革进入"深水区"，多元思想互相碰撞，面对各种诱惑和挑战的时刻，党员干部要坚定理想信念、筑牢信仰之基、补足精神之钙、把稳思想之舵，提升道德境界，追求高尚情操，自觉远离低级趣味，自觉抵制歪风邪气。另一方面要加强党性修养，涵养政治定力。对党员干部而言，党性就是最大的德，习近平总书记指

出:"干部的党性修养、道德水平,不会随着党龄工龄的增长而自然提高,也不会随着职务的升迁而自然提高,必须强化自我修炼、自我约束、自我改造""要涵养政治定力,炼就政治慧眼,恪守政治规矩,自觉做政治上的明白人、老实人"①,树立正确的权力观、地位观和利益观。党员干部要更加自觉地坚定党性原则,强化党性修养和思想道德修养,常修为政之德、常思贪欲之害、常怀律己之心,自觉做到为政以德、为政以廉、为政以民。

二、守公德:强化宗旨意识与为民理念

习近平总书记指出,守公德,就是要强化宗旨意识,全心全意为人民服务,恪守立党为公、执政为民理念,自觉践行人民对美好生活的向往就是党的奋斗目标的承诺,做到心底无私天地宽。社会主义国家的一切权力为人民所有,党员干部行使的权力属于人民,即权为民所有;党员干部行使的权力是人民赋予的,即权为民所赋;党员干部要用权力来服务于人民,即要做到情为民所系、利为民所谋。在这个意义上言,新时代政德体系中的"公德"的核心要义是为民行政、秉公用权。也由此可见,"公德"本质上是职业道德,或者说是从政者的行政道德,是具有人民性、公共性、服务性的德。习近平总书记在十八届中央政治局常委同中外记者见面时就深情说

---

① 《习近平谈治国理政》第3卷,外文出版社2020年版,第521页。

道:"人民对美好生活的向往,就是我们的奋斗目标。"①这明确宣示了共产党人执政为民的坚定决心,体现了共产党人用权为民的道德坚守。中国共产党来自人民、植根人民、服务人民,党的根基在人民、血脉在人民、力量在人民。失去了人民拥护和支持,党的事业和工作就无从谈起。党要继续经受住执政考验、改革开放考验、市场经济考验、外部环境考验,就必须始终密切联系群众。在任何时候任何情况下,与人民同呼吸共命运的立场不能变,全心全意为人民服务的宗旨不能忘,群众是真正英雄的历史唯物主义观点不能丢,始终坚持立党为公、执政为民。中国共产党人为的是大公、守的是大义、求的是大我,更要正心明道、怀德自重,始终把党和人民放在心中最高位置,让初心使命在内心深处真正扎根,把忠诚于党和人民落到行动上,继承弘扬党的光荣传统和优良作风,坚持用权为民,按规则、按制度行使权力,把权力关进制度的笼子里,做一个一心为民、一心为公、一身正气的党员干部。

三、严私德:坚持个人操守与廉洁齐家

习近平总书记指出,严私德,就是要严格约束自身的操守和行为。所有党员、干部都要戒贪止欲、克己奉公,切实把人民赋予的权力用来造福于人民。"私德"是指个人的操守与品质,与党员干部的道德信念、道德定力密切相关。严私德既要求党员干部有崇德、

---

① 《习近平谈治国理政》第 1 卷,外文出版社 2018 年版,第 4 页。

第四章
新时代新征程继续践行为政以德

重德的意识,还要求党员干部培养道德定力,能够抵御各种不良风气的诱惑和侵蚀,坚守道德标准,崇尚道德、严于律己。习近平总书记强调要多积尺寸之功,从小事小节上加强修养,严以修身,慎独慎初慎微慎欲,正心明道,管好党员干部自身的生活圈、交往圈、娱乐圈,始终不放纵、不越轨、不逾矩,增强拒腐防变的免疫力。在新时代新征程上,党员干部要"处理好公和私、义和利、是和非、正和邪、苦和乐关系","涵养道德操守,明礼诚信,怀德自重,保持严肃的生活作风、培养健康的生活情趣",① 做到心存敬畏、手握戒尺、勤于自省,遵守党纪国法,为人为政清廉,涵养富贵不能淫、贫贱不能移、威武不能屈的浩然正气。此外,"所谓治国必先齐其家者,其家不可教而能教人者,无之"(《礼记·大学》)。严私德还要求党员干部重视家庭家教家风,廉洁齐家,带头抓好家教,弘扬优良家风,推动形成爱国爱家、相亲相爱、向上向善、共建共享的社会主义家庭文明新风尚,以千千万万家庭的好家风支撑起全社会的好风气。

---

① 《习近平谈治国理政》第 3 卷,外文出版社 2020 年版,第 521 页。

读懂为政以德

第三节 坚持人民至上,不断满足人民美好生活需要

为政以德追求德政,即有仁德的为政治国方略和措施,其本质体现为讲仁爱、重百姓的民本理念。以民为本是儒家推行德政的价值基础,也是为政以德的要求和本质,强调百姓是国家与为政之本,对我国的政治实践发展产生了深远影响。中国共产党人把马克思主义的群众史观与中华优秀传统文化中为政以德的民本思想相结合,形成了群众路线这一马克思主义中国化的伟大成果,确立了人民主体地位与人民至上的原则。进入中国特色社会主义新时代,习近平总书记把马克思主义群众史观与我国为政以德传统中的爱民、安民、富民理念相结合,形成以人民为中心的发展思想,强调人民至上的根本立场,赋予传统民本理念新的时代内涵。习近平总书记把人民对美好生活的向往作为中国共产党治国理政的价值追求,提出民心是最大的政治,"江山就是人民,人民就是江山,打江山、守江山,守的是人民的心"[1]。人民性是马克思主义的本质属性,坚持人民至上,既是中国共产党百年奋斗的经验总结,也是中国共产党走向未

---

[1]《习近平谈治国理政》第 4 卷,外文出版社 2022 年版,第 63 页。

第四章
新时代新征程继续践行为政以德

来的价值支撑。治国有常,利民为本,在新时代新征程上坚持人民至上的价值立场,就要满足人民日益增长的美好生活需要,发展全过程人民民主,走全体人民共同富裕的道路,依靠人民实现中华民族伟大复兴。

一、传承发展传统民本理念,发展全过程人民民主

中国共产党人民至上的价值立场与理念社会主义政治文明的重要内容,中国共产党的人民至上不是将重民、富民、爱民当作一种口号与宣传,而是作为获得执政合法性和合理性的基础,主张发展社会主义民主,真正实现人民当家作主。其在具体实践中体现为充分保障人民享有政治、经济、文化权利,组织和领导人民进行民主选举、民主决策、民主管理、民主监督。从中国近现代历史发展的过程也可以看到,中国走的是一条自己的民主发展道路,形成了具有民族特色的民主理论和实践路径。中国特色社会主义民主政治植根于中华优秀传统文化的土壤中,传承发展为政以德的民本理念,在我国社会主义民主政治伟大实践中形成全过程人民民主。

全过程人民民主是社会主义民主政治的本质属性,是最广泛、最真实、最管用的民主。在新时代新征程,创造性转化和创新性发展为政以德的民本理念,推动发展中国特色社会主义民主政治,就要发展全过程人民民主,保障人民当家作主。2019年11月,习近平总书记考察上海市长宁区虹桥街道古北市民中心时,第一次

提出"人民民主是一种全过程的民主"。2021年7月,在庆祝中国共产党成立100周年大会上,习近平总书记又特别提出要"践行以人民为中心的发展思想,发展全过程人民民主",在其中加入了"人民"二字。2022年10月,党的二十大报告把发展全过程人民民主确定为中国式现代化本质要求的一项重要内容,强调全过程人民民主是社会主义民主政治的本质属性。全过程人民民主不仅有选举民主,还有协商民主、基层民主,保证人民依法实行民主选举、民主协商、民主决策、民主管理、民主监督。在新时代新征程,发展全过程人民民主要加强人民当家作主制度保障,坚持和完善我国根本政治制度、基本政治制度、重要政治制度,拓展民主渠道,丰富民主形式,确保人民依法通过各种途径和形式管理国家事务,管理经济和文化事业,管理社会事务;支持和保证人民通过人民代表大会行使国家权力,保证各级人大都由民主选举产生、对人民负责、受人民监督。此外,发展全过程人民民主还要积极发展基层民主,健全基层党组织领导的基层群众自治机制,加强基层组织建设,完善基层直接民主制度体系和工作体系,增强城乡社区群众自我管理、自我服务、自我教育、自我监督的实效,拓宽基层各类群体有序参与基层治理渠道,保障人民依法管理基层公共事务和公益事业。

二、促进社会公平正义，走全体人民共同富裕的道路

为了达到"修己以安百姓"的为政以德目标，孔子提出"庶之""富之""教之"的安民三部曲，体现了儒家既重视百姓在物质上的需求，又关注百姓在精神上的需求，在"庶之""富之""教之"的安民三部曲中构建公正和谐的社会。在当代社会，我们创造性转化和创新性发展为政以德的目标理想及其蕴含的富民教民思想的重要体现就是走全体人民共同富裕的道路，促进社会公平正义。

共同富裕是人民物质生活和精神生活都富裕，既要满足人民不断增长的物质需要，也要满足人民对精神文化、公平正义等方面的需要。随着人民物质生活的满足，对精神生活的要求提升，精神生活共同富裕是共同富裕的重要内容。新时代传承发展为政以德的富民教民思想，坚持人民至上的价值立场，就要把实现人民对美好生活的向往作为现代化建设的出发点和落脚点，着力维护和促进社会公平正义，着力促进全体人民共同富裕。一是要不断厚植现代化的物质基础，保持经济持续高质量发展，维持社会环境的长期稳定，不断夯实人民幸福生活的物质条件。二是要加强理想信念教育，推动文化繁荣发展，坚持共同的理想信念、价值立场、道德观念，以社会主义核心价值观引领文化建设，注重发掘和运用蕴含为政以德等思想理念的中华优秀传统文化来滋养人民的精神世界，满足人民的精神生活需求，促进全体人民精神生活共同富裕。三是要坚持全

面依法治国，把体现人民利益、反映人民愿望、维护人民权益、增进人民福祉落实到全面依法治国各领域全过程，推进社会建设，完善社会治理体系，保障和促进社会公平正义，为推动共同富裕奠定社会基础。

三、牢记初心和使命，依靠人民实现中华民族伟大复兴

中国共产党既是马克思主义的坚定信仰者和践行者，又是中华优秀传统文化的忠实继承者和弘扬者，在新时代传承和发展为政以德的民本理念就要牢记中国共产党人的初心和使命，为中国人民谋幸福，为中华民族谋复兴，与人民同呼吸、共命运、心连心，把人民对美好生活的向往作为奋斗目标。

随着改革开放的顺利推进、综合国力的提升和第一个百年奋斗目标的实现，实现中华民族伟大复兴成为人民的期待和党在新征程的使命任务。党的十八大报告将"实现社会主义现代化和中华民族伟大复兴"作为建设中国特色社会主义的总任务，诠释了实现中华民族伟大复兴和建设中国特色社会主义的内在关系。在党的十九大报告中，习近平总书记进一步强调："中国共产党人的初心和使命，就是为中国人民谋幸福，为中华民族谋复兴。这个初心和使命是激励中国共产党人不断前进的根本动力。"[1] 习近平总书记在庆祝中国共

---

[1]《习近平谈治国理政》第3卷，外文出版社2020年版，第1—2页。

第四章
新时代新征程继续践行为政以德

产党成立 100 周年大会上指出:"一百年来,中国共产党团结带领中国人民进行的一切奋斗、一切牺牲、一切创造,归结起来就是一个主题:实现中华民族伟大复兴。"[①] 实现中华民族伟大复兴作为中国共产党的历史使命,目的在于让人民过上幸福生活。人民幸福是实现中华民族伟大复兴的归宿,也是推动实现中华民族伟大复兴的动力。进入新时代,人民的获得感、幸福感、安全感提升,中国特色社会主义道路自信、理论自信、制度自信、文化自信更加坚定,人民的积极性、主动性、创造性调动起来,为实现中华民族伟大复兴提供了更为主动的精神动力。

---

① 《习近平谈治国理政》第 4 卷,外文出版社 2022 年版,第 4 页。

第四节　促进德法结合，推进国家治理现代化

　　中华优秀传统文化中的为政以德思想提倡德治，倡导"道之以德，齐之以礼"，在国家治理秩序建构中以礼乐仁义之教化为本，但在重视德治的同时，也强调"法"与"刑"在国家治理中的作用。孔子曾说过："圣人之治化也，必刑政相参焉。太上以德教民，而以礼齐之，其次以政焉导民，以刑禁之，刑不刑也。化之弗变，导之弗从，伤义以败俗，于是乎用刑矣。"（《孔子家语·刑政》）也说过："宽以济猛，猛以济宽，政是以和。"（《左传·昭公二十年》）由此可见，为政以德并非完全否定和排斥"道之以政，齐之以刑"的作用，而是强调"德""礼"和"政""刑"互补，主张"德主刑辅"，"法""刑"不可离开"德""礼"，"德""礼"是"法""刑"的基础和价值归旨，只有"德"与"法"互动相融，才能更好实现建构和谐社会秩序的理想愿景。马克思主义在国家社会治理中，坚持历史唯物主义的基本立场，认为人民群众是国家社会治理的真正主体力量，重视法治和道德在国家社会治理中的作用，超越西方纯粹工具理性导致单向度物质文明和维护资本利益的社会治理价值偏差，实

第四章
新时代新征程继续践行为政以德

现国家社会治理的科学性与价值性的统一,与中国为政以德的民本思想、德法互动理念具有某种内在的契合性。中国共产党在传承和发展马克思主义社会治理理论和中华优秀传统文化为政以德治理智慧的过程中,开启和不断探索拓展中国式治理现代化之路。在新时代新征程上,继续传承弘扬和创新发展为政以德的治理智慧,就要坚守历史唯物主义的立场、观点、方法,坚持把依法治国和以德治国相结合,推进法治中国建设;激活为政以德治理智慧,推进国家治理体系和治理能力现代化;弘扬社会主义核心价值观,筑牢中国式治理现代化的道德基础,提高全社会的文明程度。

一、坚持依法治国和以德治国相结合,推进法治中国建设

全面依法治国是国家治理的一场深刻革命,关系党执政兴国,关系人民幸福安康,关系党和国家长治久安。改革开放以来,党深刻总结我国社会主义法治建设的成功经验和深刻教训,把依法治国确定为党领导人民治理国家的基本方略,把依法执政确定为党治国理政的基本方式,走出了一条中国特色社会主义法治道路。这条道路的一个鲜明特点,就是坚持依法治国和以德治国相结合,强调法治和德治两手抓、两手都要硬。这既是历史经验的总结,也是对治国理政规律的深刻把握。习近平总书记指出:"法律是准绳,任何时候都必须遵循;道德是基石,任何时候都不可忽视。在新的历史条

读懂为政以德

件下,我们要把依法治国基本方略、依法执政基本方式落实好,把法治中国建设好,必须坚持依法治国和以德治国相结合,使法治和德治在国家治理中相互补充、相互促进、相得益彰,推进国家治理体系和治理能力现代化。"[1]

新时代坚持全面依法治国,走中国特色社会主义法治道路,推进法治中国建设,就要把依法治国和以德治国相结合,弘扬社会主义法治精神,弘扬社会主义核心价值观,传承中华优秀传统文化中"德法并重""德主刑辅"的思想智慧,引导全体人民做社会主义法治的忠实崇尚者、自觉遵守者、坚定捍卫者。一方面,要强化道德对法治的支撑作用,重视发挥道德的教化作用,提高全社会文明程度,为全面依法治国创造良好人文环境;在道德教育中突出法治内涵,注重培育人们的法律信仰、法治观念、规则意识,引导人们自觉履行法定义务、社会责任、家庭责任,营造全社会都讲法治、守法治的文化环境。另一方面,要把道德要求贯彻到法治建设中。法律法规要树立鲜明道德导向,弘扬美德义行,立法、执法、司法要体现社会主义道德要求,要把社会主义核心价值观贯穿其中,使社会主义法治成为良法善治。要把实践中广泛认同、较为成熟、操作性强的道德要求及时上升为法律规范,引导全社会崇德向善。要坚持严格执法和坚持公正司法,弘扬真善美、打击假恶丑,发挥司法断案惩恶扬善功能。

---

[1]《习近平谈治国理政》第 2 卷,外文出版社 2017 年版,第 133 页。

第四章
新时代新征程继续践行为政以德

二、激活为政以德治理智慧，推进国家治理体系和治理能力现代化

党的十八届三中全会首次提出"推进国家治理体系和治理能力现代化"这个重大命题，并把"完善和发展中国特色社会主义制度、推进国家治理体系和治理能力现代化"确定为全面深化改革的总目标。一个国家选择什么样的国家制度和国家治理体系，是由这个国家的历史文化、社会性质、经济发展水平决定的。中国特色社会主义制度和国家治理体系不是从天上掉下来的，而是在中国的文化传统和社会土壤中生长起来的，是经过革命、建设、改革长期实践形成的，是马克思主义基本原理同中国具体实际、同中华优秀传统文化相结合的产物，是理论创新、实践创新、制度创新相统一的成果，具有深刻的历史逻辑、理论逻辑、实践逻辑。在新时代新征程上，我们需要不断发掘中国特色社会主义制度和国家治理体系的深厚历史底蕴，激活和运用好为政以德的治理智慧，推进国家治理体系和治理能力现代化。

在几千年的历史演进中，中华民族创造了灿烂的古代文明，形成了关于国家制度和国家治理的为政以德思想，蕴含着民贵君轻、政在养民的民本理念，德主刑辅、以德化人的德治主张，法不阿贵、绳不挠曲的正义追求，孝悌忠信、礼义廉耻的道德操守，任人唯贤、选贤与能的用人标准，亲仁善邻、协和万邦的外交之道，大道之行、天下为公的大同理想等。这些思想观念、价值规范是中华优秀传统

文化的重要组成部分，也是中华民族精神的重要内容。新时代推进国家治理体系和治理能力现代化，要植根中国大地和中华文化根基，激活和运用为政以德的治理智慧，完善好、发展好我国国家制度和国家治理体系，不断把我国制度优势更好转化为国家治理效能。

三、继续弘扬社会主义核心价值观，提高全社会文明程度

一个国家，一个民族，要同心同德迈向前进，必须有共同的理想信念作支撑。在新时代新征程上，传承弘扬和创新发展为政以德的治理智慧，促进法治与德治的互动，推进国家治理体系和治理能力现代化，还要弘扬社会主义核心价值观，有效整合社会意识，筑牢中国式治理现代化的道德基础，提高全社会的文明程度。

一个国家的文化软实力，从根本上说，取决于其核心价值观的生命力、凝聚力、感召力。培育和弘扬核心价值观，整合社会意识和提升社会凝聚力，是社会系统得以正常运转、社会秩序得以有效维护的重要途径，也是国家治理体系和治理能力的重要方面。中华文明绵延数千年，有其独特的价值体系。中华优秀传统文化已经成为中华民族的基因，植根在中国人内心，潜移默化影响着中国人的思想方式和行为方式。博大精深的中华优秀传统文化是我们在世界文化激荡中站稳脚跟的根基。不忘本来才能开辟未来，善于继承才能更好创新。新时代培育和弘扬社会主义核心价值观须立足中华优

第四章
新时代新征程继续践行为政以德

秀传统文化,从为政以德蕴含的"民惟邦本""天下为公""仁者爱人""与人为善""和而不同"等思想理念中汲取丰富营养,同时把社会主义核心价值观的要求融入各种精神文明创建活动之中,通过教育引导、舆论宣传、文化熏陶、实践养成、制度保障等,使社会主义核心价值观内化为人们的精神追求,外化为人们的自觉行动。在弘扬社会主义核心价值观的基础上,实施公民道德建设工程,弘扬中华传统美德,重视家庭家教家风建设,加强社会公德、职业道德、家庭美德、个人品德建设,营造全社会崇德向善的浓厚氛围;推动明大德、守公德、严私德,提高人民道德水准和文明素养,在全社会弘扬劳动精神、奋斗精神、奉献精神、创造精神、勤俭节约精神,培育时代新风新貌;发挥党和国家功勋荣誉表彰的精神引领、典型示范作用,推动全社会见贤思齐、崇尚英雄、争做先锋,提高全社会文明程度,为中国式治理现代化筑牢思想道德基础和营造优良文化环境。

第五节　倡导文明互鉴，创造人类文明新形态

当前人类社会正处在一个大发展大变革大调整的时代，世界多极化、经济全球化、社会信息化、文化多样化深入发展，和平发展的大势日益强劲，变革创新的步伐持续向前，但同时恃强凌弱、巧取豪夺、零和博弈等霸权霸道霸凌行径危害深重，和平赤字、发展赤字、安全赤字、治理赤字成为严峻挑战，人类社会面临前所未有的挑战。中国共产党是为中国人民谋幸福、为中华民族谋复兴的党，也是为人类谋进步、为世界谋大同的党。我们要在党的领导下拓展世界眼光，洞察人类发展进步潮流，坚定站在历史正确的一边、站在人类文明进步的一边，借鉴吸收人类优秀文明成果，倡导全人类共同价值，为解决人类面临的共同问题作出贡献，推动建设更加美好的世界。在新时代新征程上，我们要坚守中华文化立场，弘扬和发展为政以德的天下为公追求与大同理想，讲好中华文明的突出特性和独特蕴涵，深化文明交流互鉴，推动构建人类命运共同体，创造人类文明新形态。

第四章
新时代新征程继续践行为政以德

一、讲好中华文明的突出特性和独特蕴涵

为政以德是中华优秀传统文化的重要元素和内容，蕴含着以民为本的价值导向、正己修身的为政立场、礼乐教化的德治追求、德主刑辅的施政途径、任德尚贤的用人智慧、天下为公的大同理想，在中华文化与文明的发展中发挥着重要作用，塑造着中华文明的突出特性。其一，为政以德主张以民为本、追求天下大同，有利于古代国家统一、社会稳定的连续性，为中华文明传承发展提供了时空条件，同时在历史发展过程中，"正己修身""齐家治国平天下"的观念代代相传，成为人们日用而不知的精神追求，深厚的家国情怀与深沉的历史意识形成中华民族独特的文化积淀，在道德伦理上塑造着中华文明的连续性。其二，为政以德的民本理念、德治追求、和合观念在稳定社会、延续制度、调节差异等方面具有重要的作用，能满足古代社会的现实政治需求，能够凝聚社会大众的思想观念和价值共识，为形成大一统的国家形态提供重要基础，塑造着中华文明的统一性。其三，为政以德推崇儒家的"仁爱"与"德政"，推进各民族的交往交流交融，即使在政权更迭、民族纷争的时期，古代为政者也不用单一文化代替多元文化，而是以德教化万民，化解冲突、凝聚共识，促进民族间的认同、包容和借鉴，塑造着中华文明的包容性。其四，为政以德提倡"仁者爱人""修身立德""兼济天下"等理念，主张以道德秩序构造一个群己合一的世界，在人己关系中以他人为重，体现中华民族以"仁""德"而达致和平、以和平

读懂为政以德

方式实现天下大同的美好愿景，其在历史演进中内化为中华民族倡导共生并进、追求文明互鉴、维护世界和平的思想自觉和行动自觉，塑造着中华文明的和平性。

为政以德在中华文明的历史演进和中华文明突出特性的形成中发挥着重要作用，使中华文明具有了不同于世界其他文明的独特蕴涵。当前，重新审思与阐释中华文明的独特蕴涵，彰显中华文明的人文主义精神特质，不仅是推进文化自信自强、增强中华文化和中华文明传播力影响力的基本要求，也是人类文明发展的内在诉求。

近现代人们对"文明"的理解深受西方文明理论及其文化观念的影响。在西方的早期文化观念中，"文明"意指生活在城邦、城市中的一种开化了的进步状态，与野蛮、落后的状态相对。到了启蒙运动时期，西方现代意义上的文明观念兴起，这种文明观念用于指人类理智进步的状态，及理性进步所达到的以工业化、商品化、民主化为主要特征的人类社会发展新阶段。随着西方工业生产和殖民活动的扩张，带有文明单向进步主义和种族主义倾向的西方现代文明观念把世界划分为"今日世界"和"昨日世界"、"自我世界"和"他者世界"，强调民族自我意识，是西方试图为人类社会发展提供普适性、规范性价值规则的表现。西方现代"文明"是西方学者用于解释世界历史发展过程的概念，是服务于资本主义生产方式的话语工具，这种现代文明观念由于受古希腊形而上学文化传统的影响，背后潜藏着一种"西方—非西方"的"非此即彼"的"二元对立"思维逻辑，不可避免地导致了世界不同文明与文化之间的隔阂、分

第四章
新时代新征程继续践行为政以德

裂和冲突。

西方现代文明由于其内在的矛盾和危机而与世界和谐发展的要求相背离,世界的和平与发展亟需一种新的文明形态。正是在这样的时代背景下,内蕴着以民为本、天下为公、开放包容、和谐共生价值理念,具有深厚人文主义情怀的中华文明愈发深入人心,为人类新型文明形态的构建提供新的价值基础与文化理念。

由于受现代文明观念的影响,现代汉语中的"文明"往往对应着英文中的"civilization",中国原初的"文明"及其独特蕴涵遭到一定程度的遮蔽。习近平总书记指出:"长期以来,西方形成了一套文明理论,我们要加以借鉴,但不能照抄照搬。"[1]因此,重新厘清"文明"的中国意义,揭示中西文明的本质区别,彰显中华文明的主体性,具有重要性和紧迫性。事实上,"文明"一词很早就以词组的形式出现在先秦时期的中华典籍中,《周易》多处提到"文明",如"见龙在田,天下文明","其德刚健而文明,应乎天而时行,是以元亨","刚柔交错,天文也,文明以止,人文也;观乎天文,以察时变,观乎人文,以化成天下"。《尚书》记载了对帝舜的称赞:"濬哲文明,温恭允塞,玄德升闻,乃命以位。"在这里,"文明"既表示天地间应合时令规律的欣荣自然景象,也蕴指人类合乎天地自然之道的社会秩序景观和个体道德品格。可见,先秦典籍中的"文明"一词表达了中华先人对天地宇宙、人文道德的思考和洞察,体现着

---

[1] 习近平:《把中国文明历史研究引向深入 增强历史自觉坚定文化自信》,《求是》2022年第14期。

中华民族在格物致知、道德修养、礼仪制度等方面所达到的高度。

在古代中国,"文明"一词的蕴涵由"文"与"明"的含义共同构成。"文"在中国文化传统中,既指承载着天地之"道"的礼乐礼仪与典章制度,如《论语》言:"文王既没,文不在兹乎",《淮南子》言:"礼者实之文也";又表示美好道德精神的象征,是内在精神道德的向外呈显,蕴含人经由教化之后超越自然性而体现出的德性和道德气质之义,如《周易》言:"其德刚健而文明",又如《尚书》中的"濬哲文明",《论语》中的"文质彬彬,然后君子"。"文明"中的"明"为《大学》的"大学之道在明明德"之"明",意指内在之"明德"不断得到显明,既是人顺应天地之道和接受道德感化而使内在德性得到呈显的过程,也是人类社会在礼乐教化中不断由人之成德而进达秩序分明之境的过程。可见,中华"文明"具有鲜明的道德与人文蕴意,是通过礼乐与礼仪制度来对人们进行教化和感化,不断涵化人的自然性,形塑人的德性人格和社会人伦秩序的过程,使人与社会从自然世界走向人文化成的道德世界。中华文明作为一种原生文明,使"中国"不同于西方近现代的"民族国家",而是具有强烈道德感和文明期许的"共同体"。

二、创造人类文明新形态

创造人类文明新形态既是中国式现代化的本质要求,又是中华民族伟大复兴的价值追求,体现着中国式现代化与中华民族伟大复

第四章
新时代新征程继续践行为政以德

兴的世界意义。西方现代文明随着工业生产和殖民活动而走向世界，试图为人类社会发展提供普适性的价值规范。但西方现代文明受西方形而上学文化传统的影响，潜藏着一种"西方—非西方"的二元对立思维逻辑，并把这种对立转化为现代与传统的对立，导致了世界不同文明之间的割裂和非西方国家对自己民族历史传统的消解。与此不同，中华优秀传统文化中的"文明"表达了中华先人对天地宇宙、人文道德的洞察，是通过教化来使人内蕴的天地之德不断开显的过程，天地人在这里不是相互对抗和区隔的，而是构成了有机的生命共同体，历史即是这一生命体不断开显实践的文明发展过程。如《周易》有载："刚柔交错，天文也，文明以止，人文也；观乎天文，以察时变，观乎人文，以化成天下。"因此，从中华文化与中华文明的立场看，文明作为天地人互动的生命共同体，不同文明具有不同的生命体形态，不能彼此置换和替代，而是应在多样性中交流互鉴共生；现代与传统也不是二元对立的，而是生命体不同开显实践阶段的连续历史过程。所以，习近平总书记在文化传承发展座谈会上指出："中国式现代化是赓续古老文明的现代化，而不是消灭古老文明的现代化；是从中华大地长出来的现代化，不是照搬照抄其他国家的现代化；是文明更新的结果，不是文明断裂的产物。"蕴含为政以德思想的中华文明崇尚人文关怀与德性实践，蕴含着求同存异、和而不同、包容共生的价值诉求，在同其他文明的交流互鉴中不断焕发新的生命力，在全球范围内日益为人们所认知和认可。在新时代新征程上，我们要弘扬和发展蕴含着为政以德"天下为公"

等思想智慧的中华文明，在坚守中华民族文化主体性的基础上，以开放包容的胸怀借鉴人类优秀文明成果，倡导和平、发展、公平、正义、民主、自由的全人类共同价值，以文明交流超越文明隔阂，以文明互鉴超越文明冲突，以文明共存超越文明优越，以平等互鉴、合作共赢的理念破解西方中心论和文明冲突论，在构建人类命运共同体的实践中创造人类文明新形态。

后 记

在几千年的政治实践和文化发展中,中华民族形成了为政以德思想,其中蕴含着民为邦本的民本理念、以德化人的德治主张、天下为公的大同理想、选贤与能的用人原则等,这些思想智慧是中华优秀传统文化的重要组成部分,是中华文明的精神标识和文化精髓,与马克思主义的人民立场、社会治理理论、共产主义理想、选人用人导向等具有内在的契合之处。当前,以中国式现代化全面推进强国建设、民族复兴伟业,需要我们坚守中华文化立场,深刻理解和不断推进"第二个结合",发掘为政以德的思想精髓和精神特质,并赋予其新的时代内涵,为建设社会主义现代化强国提供丰厚道德和文化滋养。

本书也是广东省哲学社会科学规划青年项目《人类文明新形态的传统文化向度与构建逻辑研究》(项目编号:GD22YMK04)的阶段性成果。本书全面阐释为政以德的基本内涵、思想智慧、历史脉络,分析为政以德对我国伦理生活和政治实践的重要影响,探讨为政以德对塑造中华文明的独特内涵和突出特性的重要意义,为进一步从中华优秀传统文化的维度探讨创造人类文明新形态的历史逻辑、理论逻辑和实践逻辑提供参考。

作为阶段性研究成果，加之自身学识有限和时间较紧，本书难免存在疏漏与错谬之处，敬请专家、同人和读者批评指正。

吴之声
2024年10月